한국대표서정시선5

한국대표서정시선5

2014

초판 1쇄 | 2014년 12월 29일
저　　자 | 공광규 외 38인 공저
펴 낸 이 | 차영미
편　　집 | 디자인그룹 여우비
펴 낸 곳 | 서정문학
주　　소 | 서울시 강동구 풍성로 136, 삼성아파트 상가동 115호
전　　화 | 02-720-3266
홈페이지 | http://cafe.daum.net/seojungmunhak.com
이 메 일 | sjmh11@hanmail.net
등　　록 | 2008. 3. 10 제324-2014-000060호

ISBN 978-89-94807-38-6 04810
978-89-94807-06-5(셋트)
정가 10,000원

서정시선 ● 28

한국대표서정시선 5

2014

공광규 외 38인 공저

도서출판 서정문학

| 발간사 |

"맑고 아름다운 향기"

소복이 내린 눈이 눈부신 계절에 『한국서정대표시선 5호』를 발간하게 됨을 진심으로 감사드린다. 작가는 작품으로 말을 해야 한다는 말은 언어를 도구로 하는 문학에서 산고에 가까운 창조의 의미를 내포한 말이기도 하지만 오직 작품만이 그 작가를 대변할 수 있기 때문이다.

오세영 시인은 "좋고 나쁜 시는 없다. 작가의 작품을 읽고 깨달음이 있느냐? 아니면 감동이 있느냐? 그 차이뿐이다." 라고 말했다.

우리나라만큼 문학회가(카페) 활성화된 나라는 그리 흔치 않을 것이다. 문학을 통해 서로 교류하고, 문학을 통해 삶을 얘기하고, 문학을 통해 자아성찰의 기회를 가지며 문학을 통해 공동체 일원으로서 살아간다는 것은 갈수록 각박해지는 세상에 서로의 온기를 나누며 좀 더 나은 세상을 꿈꾸는 길이 아닌가 생각해 본다.

그 동안 갈고 닦은 분신과도 같은 작품을 『한국서정대표시선 5호』를 통해 세상에 그 민얼굴을 내보이게 된 지금 같은 지면 같은 공간 속에서 함께 할 수 있다는 것은 참으로 뜻깊은 일이다.

쓰지 않고는 견딜 수 없는 작가적 열정을 문향으로 피어날 수 있도록 애를 써 준 편집장과 서슴없이 귀한 옥고를 보내 주신 유명 작가님들에게 감사의 말씀을 드린다.

서정 뜰에 모인 우리 회원님들 현재에 만족하지 말고 더욱 분발하여 작품을 통해 서정의 문향을 온 누리에 퍼지도록 노력합시다.

2014년 12월 7일 이훈식

| 목 차 |

초대작가 작품선

서정대표 시인 작품선

서정대표 수필 작품선

초대작가 작품선

· 1960년생
· 1986년 월간 《동서문학》 등단
· 시집 : 『담장을 허물다』, 『말똥 한 덩이』, 『소주병』 등
· 저서 : 『이야기가 있는 시 창작 수업』,
『신경림 시의 창작방법 연구』 등
· 윤동주문학상
· 현대불교문학상 수상

그늘 한 평

당신이 드리운
그늘 한 평

세상 그늘이라는 그늘을 다 모아도
내 몸
그늘 한 평보다 작습니다

햇볕을 천일 동안 모아도
내 몸
그늘 한 평을 덮을 수 없습니다

내 몸에 드리운
당신이라는 그늘
한 평

아름다운 책

어느 해 나는 아름다운 책 한 권을 읽었다
도서관이 아니라 거리에서
책상이 아니라 식당에서 등산로에서 영화관에서 노래방에서 찻집에서
잡지 같은 사람을
소설 같은 사람을
시집 같은 사람을
한 장 한 장 맛있게 넘겼다
아름다운 표지와 내용을 가진 책이었다
체온이 묻어나는 책장을
눈으로 읽고
혀로 넘기고
두 발로 밑줄을 그었다
책은 서점이나 도서관에만 있는 게 아닐 것이다
최고의 독서는 경전이나 명작이 아닐 것이다

사람, 참 아름다운 책 한 권

꽃잎 한 장

꽃잎 한 장이 수면에 떨어져
작은 파문이 일고 있다

파문이 물별을 만들고 있다

꽃잎이 없다면
파문이 없다면

아름다운 물별을 볼 수 없을 것이다

꽃잎 한 장 받는 일은
가슴에 물별이 뜨는 일

꽃잎 한 장 주세요

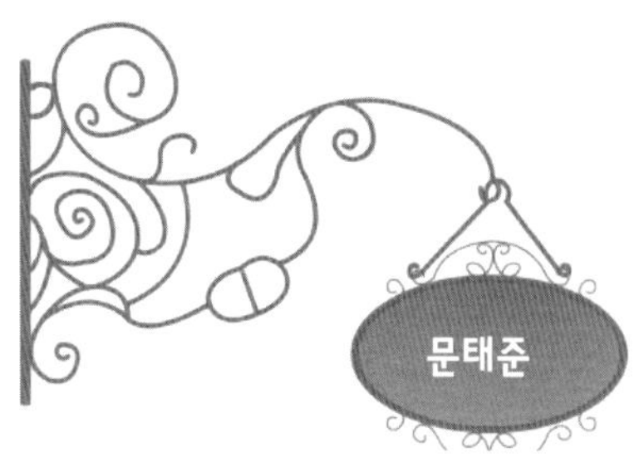

· 1970년 김천 출생
· 1994년 『문예중앙』으로 등단
· 시집 : 『수런거리는 뒤란』, 『맨발』, 『가재미』, 『그늘의 발달』, 『먼 곳』 등
· 미당문학상, 소월시문학상
· 노작문학상, 유심작품상 등 수상

몸을 굽히지 않는다면

노랗게 잘 익은 오렌지가 떨어져 있네
붉고 새콤한 자두가 떨어져 있네
자주빛 아이리스 꽃이 활짝 피어 있네
나는 곤충으로 변해 설탕을 탐하고 싶네
누가 이걸 발견하랴,
몸을 굽히지 않는다면
태양이 몸을 굽힌, 미지근한 어스름도 때마침 좋네
누가 이걸, 또 자신을 주우랴,
몸을 굽혀 균형을 맞추지 않는다면

歸休

돌아와 나흘을 매어놓고 살다

구불구불한 산길에게 자꾸 빠져들다

초승달과 새와 높게 어울리다

소와 하루 밤새 게으르게 눕다

닭들에게 마당을 꾸어 쓰다

해질 무렵까지 말뚝에 묶어놓고 나를 풀밭을 염소에게 맡기다

울 아래 분꽃 곁에 벌을 데려오다

엉클어진 수풀에서 나온 뱀을 따르며 길게 슬퍼하다

조용한 때에 샘이 솟는 곳에 앉아 웃다

이들과 주민住民이 되어 살다

묶음

꽃잎이 지는 열흘 동안을 묶었다

꼭대기에 앉았다 가는 새의 우는 시간을 묶었다

쪽창으로 들어와 따사로운 빛의 남쪽을 묶었다

골짜기의 귀에 두어 마디 소곤거리는 봄비를 묶었다

난과 그 옆에 난 새 촉의 시간을 함께 묶었다

나의 어지러운 꿈결은 누가 묶나

미나리처럼 흐르는 물에 흔들어 씻어 묶을 한 단

· 동국대 및 고려대 교육대학원 졸업
· 1966년 서울신문. 한국일보 신춘문예당선
· 시집 :『남내리엽서 』,『무령왕의 나무새』,
『별박이자나방』등 11권
· 문집 :『시가 있는 길』,『김현승 시 연구』등 3권
· 동국대, 추계예대, 대전대 등 강사역임 · 수상경력 다수
· 한국문인협회 시분과 회장, 국제PEN클럽 한국본부 이사장 등 역임

광대

달빛 중에서도
산이나 들에 내리지 않고
빨랫줄에 내린 것은 광대다

줄이 능청거릴 때마다 몸을 휘청거리며
달에서 가지고 온 미친 기운으로 번쩍이며
보는 이의 가슴을 조이게 한다

달빛이라도
어떤 것은 오동잎에 내려 멋을 부리고
어떤 것은 기와지붕에 내려 편안하다
또 어떤 것은 바다에 내려 이내 부서져 버리기도 한다

내가 달빛이라면 나는 어디에 내려 무엇을 하는 것일까
지금까지 사는 일에 아슬아슬한 대목이 많았고
식구들을 가슴 졸이게 한 걸로 보면
나는 줄을 타는 광대임에 틀림없다

비천飛天

어젯밤 내 꿈속에 들어오신
그 여인이 아니신가요.

안개가 장막처럼 드리워 있는
내 꿈의 문을 살며시 열고서
황새의 날개 밑에 고여 있는
따뜻한 바람 같은 고운 옷을 입고

비어 있는 방 같은 내 꿈속에
스며들어오신 그분이 아니신가요.

달빛 한 가닥 잘라 피리를 만들고
하늘 한 자락 도려 현금을 만들던

그리하여 금빛 선율로 가득 채우면서

돌아보고 웃고 또 보고 웃고 하던
여인이 아니신가요.

무령왕의 청동식이

하늘이 주신 목숨을 다 살으시고, 하나도 빼지 않고 구석구석 다 살으시고, 곱슬거리는 백발을 날리며, 달이라도 누렇게 솟고 파란 바람도 불고하는 참 재미도 많은 날, 이윽고 옷 갈아입으시고 왕후며 신하들 다 놓아두고, 혼자 길을 떨치고 나서서, 꾸불꾸불한 막대기 하나 골라 짚고, 아, 참말, 미끄러운 저승길로 가실 때 이 신을 신으시다.

돌밭, 가시밭, 진흙 뻘길을 허리춤 부여잡고 달음질도 하고 수염도 쓰다듬으며 점잖게 걷기도 하여 임금님을 저승까지 곱게 모신 후, 이제 또 다시 여기에 돌아와 쇠못이 박힌 불꽃 무늬의 신이여, 누구를 다시 모셔가려 함이냐. 하늘이 정한 목숨을 구석구석 다 살으시고, 그리고 웃으며 떠날 그 누구를 모셔가려 함이냐.

·계간 창조문학등단(94년)
·서정문학 발행인
·한국미소문학 고문
·용인문학회 고문 ·예원문학동인
·강남문학상, 창조문학대상, 자연과 꿈상
·시집 : 『등불 하나 가슴에 달고』,『은밀한 속삭임』,『그리움의 심지』

별이 반짝이는 이유

죄가 될까 봐
사랑한다는 말을
차마 못하고
밤마다 하늘을 향해
쏘아 올린 불화살
깊이 박혔던 자리마다
유리알처럼
매달린 눈물

바람꽃

가야 할 때가 되면 가야 한다.
갈 때는 돌아올 길을 가늠하지 말고
가야 한다.

참으로 오랫동안 손잡았던 인연
내 삶의 힘이 되었던 만남
가야 할 그 길이
시가 될 런지 그리움이 될는지 알 수는 없어도
나를 이끌어준 세월이 그래도
사랑이었음을 깨달을 때 가야 한다.

어혈처럼 영육을 파고들던 갈증도
모진 비바람에 혓바늘이 돋아나던 시간도
하나하나씩 기억으로 밟으며
지나가다 마주쳐도 서로 무심히
지나칠 수 있을 때까지 가야 한다.

어눌한 생애의 그늘
늘 세월은 너그럽지 않았지만
이정표마저 없는 바람의 길 찾아가다
먼 기억처럼 가슴 뻐근히 아파오면

나 외에는 누구도 내 외로움을 돌봐줄 수 없었다는
슬픔 하나가

내 가슴 어디쯤
울음으로 빠져나간 자리에
하얀 바람꽃 한 송이 피었으면 좋겠다.

가을을 맞이하며

한 동안 정리하지 못했던
책상 서랍을 하나씩 빼내서 방바닥에 쏟았다
온갖 잡동사니로 정신이 어지럽다
불필요한 생각과 얼룩진 기억들을 골라
미련 없이 휴지통에 버렸다
하루에도 몇 번씩 열어 보면서도
시커멓게 부패한 시간의 조각들과
색이 바랜 남루한 웃음들을 알지 못했다
쓰잘데없는 나부랭이들이
야윈 기침을 하며
잔병에 시달리고 있는지도 몰랐다.
곤한 잠에 빠져 있던 게으름들을 털어내고
애틋한 마음들만 모아서
이름표들을 달아주고 보니
그간 눅눅한 소문으로만 떠돌던
이야기들의 진원지도 알게 되었다.
나만이 열고 닫을 수 있는 수납공간
그 동안 혼미한 초점으로
흔들거리던 그리움은 이젠
한쪽 모서리에 대못으로 단단히 박아두고

손때 묻었던 소박한 체온들만
고운 낙엽 모으듯 예쁘게 포개 놓자

·서울대 국문과 졸업
·57년 '현대문학'지 평론으로 등단
·충남대 경희대 덕성여대 교수, 서울시 문화상, 대한민국 보관문화훈장
·저서 : 『한국현대소설사』, 『순수문학비판』, 『그 겨울의 날개』 등

한글로 하는 문학

8.15 해방이 되던 날 밤이다. 맨날 학교에서 우리들을 물고 할퀴던 다카하시 교관이 자기 집 뒷문으로 도망치고 다른 일본인 선생님들도 다 떠났다. 그리고 이영철 선생님이 지팡이를 짚고 절뚝거리며 오래간만에 학교로 돌아오셨다. 상이병사의 귀향이었다. 창씨개명 하랬더니 이름을 가나다加那多로 바꾸셨던 아동문학가이시다. 학생들은 가나다선생님 하면 가나다라마바사를 연상했는데 어느날 갑자기 사라지더니 해방이 된 후 그런 모습으로 돌아오신 것이다.

나는 선생님이 돌아오신 며칠 후 댁으로 찾아가서 이렇게 여쭸다.

"선생님, 감옥에서 다리가 얼어서 그렇게 되셨다죠?"

"아니다. 얼어서 이렇게 된 게 아니야. 정강이에 몽둥이를 대고 주리를 틀어서 부러졌어."

너무 끔찍한 이야기를 들었다. 더구나 한국인이 그토록 모진 고문을 하다니.

그 선생님이 어느 날 작문 시간에 내 〈딱따구리〉를 대단히 칭찬하고 교지에 실어 주셨다. 나는 그것을 지금도 허풍을 떨어가며 자랑한다. 기막힌 명작이었다고.

지난해(2013년) 가을에는 옛 중학동창생들까지 불러내서 '창작산맥' 주간과 함께 선생님 산소를 찾았다. 술 한 잔씩을 잠드신 은사님께 올린 후 나는 또 그 얘기를 털어놓았다.

"참 기막힌 명작이었지, 아깝게 사라져 버렸지만."

그 후 대학의 국문과에 들어가니 이희승 선생님이 계셨다. 그분도 한글 때문에 감옥에 계시다 살아 돌아오신 분이다. 함께 투옥된 33명 중 두 분은 옥사하고 말았다. 이때 이분들을 고문한 경찰들 중 최고의 악마도 역시 한국인이었다.

한글의 수난은 이때만이 아니다. 연산군은 언문으로 된 모든 책을 불사르고 언문을 쓰는 자와 가르치는 자를 다 잡아들였으며 그 미련함은 그의 선배 진시황의 갱유분서坑儒焚書를 능가했다. 진시황은 문자 자체까지 소멸시키려 하지는 않았으니까.

한글은 세종대왕이 창제한 직후에도 사라질 뻔했다. 이를 반대했던 최만리 등 7명의 집현전 학사들 배경에는 당대의 특권계급이 모두 도사리고 있었고 또 그들 뒤에는 감히 비위를 건드릴 수 없는 중국이 있었기 때문이다.

그런데도 마침내 이를 반포하고 오늘에 이르렀으니 세종대왕의 용기와 확고한 신념과 의지가 놀랍다.

그러니 그는 얼마나 힘들고 외로웠을까? 집현전 학사들이 오히려 방해가 되니 그들 몰래 혼자 연구하고 겨우 아들과 딸들의 도움이나 얻었던 흔적이 있으니 고개가 숙여진다.

이렇게 만들어진 28자가 그후 24자가 되더니 지금은 17자다. 우리는 지금도 모두 24자라고 배우고 있지만 사실은 17자다. 핸드폰의 문자 판을 보면 알 수 있을 것이다.

영문 알파벳은 이보다 9개가 더 많고, 일본 가나는 3배가 되고, 한자는 서당에 가서 천자문 다 떼고 돌아와도 문장을 읽고 쓰고 이해할 수 없다. 그런데 한글은 어떤가?

한국의 어린 학생들은 선생님 얼굴 바라보면서 책상 밑으로는 두 엄지손가락으로 친구한테 문자를 날리기도 한다. 이 정도이니 세계가 한글의 위대성에 경악하는 것이 당연하다. IT문명시대요, 속도경쟁에 사활을 걸고 있는 이 시대에 한글이 마술을 부려주고 있는 것이다.

말소리를 정확히 동시적으로 문자화해주고 외국어로도 바꿔주는 마술 역시 한글이 앞장서게 되어 있다. 이것은 최고의 표음문자만 가능한 일이기 때문이다. 영문 알파벳 역시 표음문자라 해도 글자 수가 한글보다 훨씬 더 많고 표음 기능도 일정하지 않기 때문에 한글을 따를 수 없다.

세종대왕은 정인지를 시켜 이를 반포하면서 풍성학려 계명 구우 개가득風聲鶴唳鷄鳴狗吠 皆可得이라고 했다. 무슨 소리이든 못 낼 소리가 없다는 만능 표음문자의 당당한 선언이다.

그래서 세계 석학들은 한글이 가장 합리적이고 과학적인 문자이며 언어가 꿈꿀 수 있는 최고의 문자이며 또 한글은 '문자의 사치'라는 말까지 하고 있다.

문자의 사치라니 얼마나 명품이면 그런 찬사까지 할까? 만일 우리가 지금 문자가 없어서 한자나 영문 알파벳이나 일본 가나를 빌려 쓰고 있다면 그 불편을 어찌 감당할 것이며, 우리 문화가 과연 이렇게 발달할 수 있었을까?

한글은 사치라고 하니 이런 사치는 한껏 누려 봐도 좋다. 특히 문학은 언어예술이니 한국문인들은 마음껏 문자의 사치를 부려봄이 어떨까?

단 문자의 사치는 명문장의 기교만을 의미하는 것은 아니다. 가장 감동적인 진실의 이야기만이 그 문자와 언어를 찬란하게 빛내준다. 진실을 배반하는 글은 감언이설일 뿐이고 때로는 악마의 속삭임이기도 하다. 실제로 그런 시들도 있었다.

무엇보다 감동적인 진실의 언어와 문자는 뒤쳐지고 외롭고 슬픈 소외자들을 위한 사랑이다. 그리고 그것이 한글 창제의 뜻이 아니던가? '어린 백성을 위하여' 훈민정음을 만든다고 했으니. 한글은 이런 것이기에 더욱 세계 최고다. 따라서 이 정신으로 이 문자로 하는 창작행위는 찬

란한 금자탑을 쌓는 행위라고 자부해도 지나치지 않는다. 한글은 최고로 사치스러운 문자니까.

권규하 · 김관식 · 김혁석 · 김현희 · 김호천 · 문성철

박동환 · 박성순 · 박지숙 · 박채선 · 방극률 · 배동칠

배막희 · 변순화 · 석남성 · 신홍승 · 안옥희 · 안진훈

옥혜민 · 유성녀 · 윤송석 · 윤정한 · 이상훈 · 이성엽

이용주 · 이재성(동시) · 임세훈 · 조수형 · 차영미

하현수 · 허욱도 · 홍만희

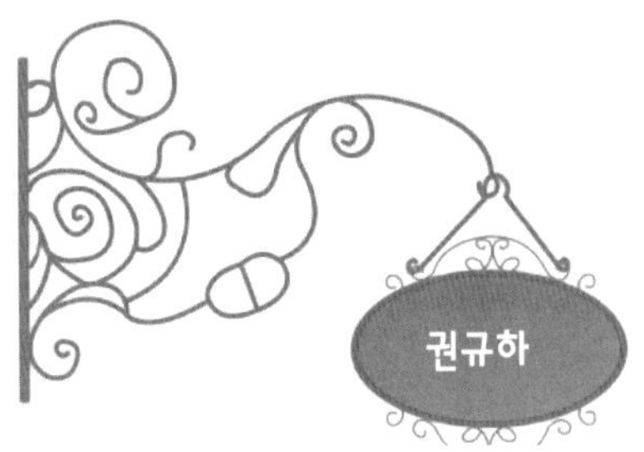

· 여수광양항만공사 근무
· 한국서정문학 작가협회 회원
· 서정문학 신인문학상
· 청산문학 신인문학상

막걸리 한잔하세

이보게 친구!
거하게 막걸리 한잔하세.
막걸리 한 되 받아 정구지 찌짐*에 한잔하세.
갇혀 있던 추억 끄집어내 얼굴도 한번 붉혀보세.

자네! 어릴 적 그날 기억하는가?
냇가에서 신발 신고 헤엄치다
신 한짝 떠내려가 집에 가지도 못했던 날
산수시험 처음 백점 받았다고 사 주신 거였는데
어릴 적엔 이런 보상도 있었다네.
허!허!허!
시마맞추기** 하다 납작돌 잘못 던져
자네 머리통 깨트렸던 날
벌써 머리 벗겨져 그 흔적 이제 감출 수도 없구먼.
허!허!허!

그래 얼마 전 큰일 치르라 고생이 많았네.
그 녀석 참 불효자구먼.
………
………
자! 막걸리 한잔 더 하세.

---

* 정구지 찌짐 : 부추 부침개
** 시마맞추기 : 비석치기

한 맺힌 섬

그을린 눈썹 사이에 쭉 뻗은 노고의 순간을
한 맺힌 가슴 안으로 삼켜버리고
바다를 품으며 잉태한 섬괴불나무의 붉은 열매는
이 악물고 버텨내면서 토한 피한 흔적일 것이다.

향수를 느끼며 한반도로 달려가고파 그려본
무상가교無相架橋*는
역사를 오고가는 진실이기에
무거운 발걸음 띄우며 거친 파도 위에 잠시 머물러 본다.

* 무상가교(無相架橋): 사물의 현상이나 형태가 없는 대상을 이어주는 역할을 하는 교량

별똥별

초야에 묻혀 새바람 부는 방향을 잃어버리고
갈팡질팡 흐르는 별무리에서
이 내몸 던져 등을 지려 하지만
해, 달은 동에서 뜨고 서에서 지더이다.

· 조선대학교 대학원 경영학과, 한국교원대학교 대학원 교육사회학과 졸업
· 1976년 전남일보 문학평론 당선, 1998년 계간 『자유문학』 시 당선
· 동시집 『토끼발자국』외 11권
· 시집 『가루의 힘』, 문학평론집 『현대동시인의 시세계-호남편』발간 외 다수
· 한국문인협회, 현대시인협회 회원
· 한국동시문학회, 한국아동문학인협회 회원

탱자

온몸
가시투성이

온통
미움으로 가득 채운
탱탱한
탱자 열매

누구든 믿을 수 없다
불평 불만으로
이웃을
서로 갈라놓고

시퍼런
독기를 품고 사는
미련 곰탱이

참새들이 찾아와
한바탕
시끄럽게 지저귀다가
못난 것들
똥 누고 간다

연꽃

연못 밑바닥
어둠 속에서
뿌리줄기를 뻗고
뒹굴면서 살아왔어요.

물 밖의
또 다른 세상으로
커다란 초록잎
안테나 곧추세우고
꽃 피워 올렸어요.

진흙탕 속
얽히고 설킨 뿌리들에게
바깥 세상의
반가운 소식
들려주고 싶었어요.

꽃 피우고 진 자리에
마이크 한 대
놓아두었어요.

연못 속
세상을 향해
소감 한 마디씩
말씀해주세요.

우엉

깊은 생각
긴 뿌리

외길
두 자

생각이 많아
여기저기
머리꽃
수십 개

자주색
생각들

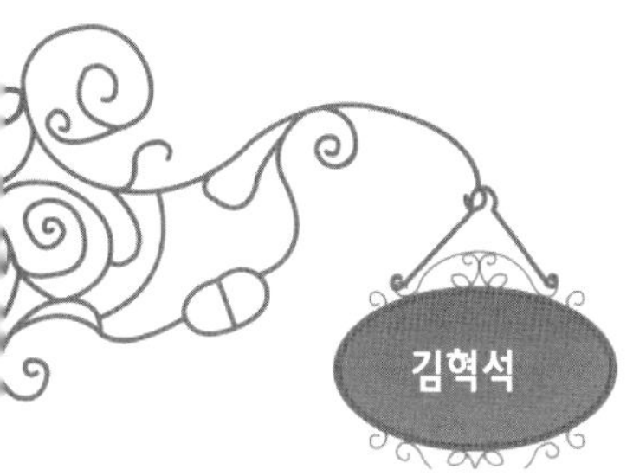

· 서정문학 시부문 등단
· 한국서정문학작가협회 회원
· 신안문학회 사무국장
· 동인시집 : 『섬새들의 노래』

가로등

희미하든 밝게 빛나든
어둠을 밀치는 새벽까지
파리한 떨림으로
출렁이는 나그네 손 잡아주는
살가운 몸짓

서러운 사람도
외로운 사람도
하염없는 기다림에 지친 사람도
한 번쯤 기대어보았을
포근한 눈빛

뜨겁게 불타지는 않을지라도
이유 없는 설움까지
다 품어 안아주는 길가의 모정
달빛, 별빛 가려도
밉지 않은 골목의 평화

겨울 강가에서

겨울 강이 일어선다
겨울 강가엔 이름 모를 수초와
흰나비가 나풀거리다
소소리바람에 놀라 파르르 떤다
하얀 속살 드러낸
작은 파도는 시름에 겹고
싹둑 잘려버린 오후는
어둠에 젖는다
흩날리는 세월을
침묵으로 보듬는
겨울 강가에서
사람소리 듣는다
까르르 웃음소리 듣는다

꿈에라도 만나 보자

가시내야
머리감으러 가자
망초 흐드러진 시냇가
뱀딸기가 루비가락지 만들어
홍조 가득한 얼굴로 우릴 기다린다
루비가락지는 너에게 끼워주고
나는 수초 한들거리는 냇가에 앉아
하늘을 나는 뭉게구름 잡아타고
고향으로 달려가련다
가시내야
우리 함께
누렁이 되새김하듯 고향하늘 날아보자
천둥벌거숭이 되어 소 몰러 가자

· 서정문학 시부문 신인상 수상
· 한국서정작가협회 회원
· 한국문인협회 회원
· 신안문학회 재무국장
· 동인시집 :『섬새들의 노래』
· 국민카드 사이버문학상 수필부문 수상

밤에 쓰는 편지

저녁이 되면
밤이 되면
어둠과 함께
쏟아지는 사랑의 고백들
흔들리는 붓끝이
밀어들을 산란하고
그리움은
검은 밤을 채색하게 한다
멀리 있는 너는
밤으로 가까이에 와 있고
물빛 가득한 편지지엔
무수한 별똥별들
어둠이 짙어질수록
하나씩 둘씩
툭툭
더 진한 밀어들을 뱉어낸다.

병문안

마지막 길을 가는 것은 아니기 때문에
병원에 누워있는 것이
꼭 슬픈 것만은 아니라고
스스로를 위로하는 시간

꼭대기에 매달린 간당간당한 홍시가
지나온 삶의 모습이었다고
자조하더라도 아파보니 이제야
자신을 돌아보게 되어 오히려 고맙다고 했던가

등지고 살아온 세월
외면하고 살아온 사람들
먹고 살기 바쁘다고 세월도 사람도
품어 안지 못했음을
이제라도 느낄 수 있어
병실에 누워있는 것이 고맙다고 했던가.

존재의 외로움

밤새 끓던 신열이
한 방울의 눈물로
정점을 찍은 것은
앞으로 견뎌내야 할
더한 시련에 대한 예의이다

빛이 내면의 회오리까지
갈무리 않는 한
태양이 떠올랐다고
누구에게나
밝은 날은 아니다

길게 늘어진
오후의 그림자는
덩그렇게 매달린
태양의 요망인가
외로운 삶의 축약인가.

· 전남 장성 출생
· 서정문학 신인문학상 수상(시)
· 한국서정작가회의 회원, 광주시인협회 회원
· 예원문학회 회원 및 동인
· 광주시문학상 작품상 수상(2013.12.16)
· 시집 : 『초원의 반란』

바다의 언어

추락과 상승을 반복하는
생명을 확장하는 바다.
파도의 치마끈을 물고 달아나는 갈매기
물이 썬 모랫벌은
거대한 물고기의 은 비늘
그 은비늘에 새긴
해독이 어려운 아랍어의 밀어
작은 조개들의 그리움의 편지.
뼈 삐걱거리는 소리를 끌고 와
돌층계에 앉은 나는 바다를 응시한다
바다의 말을 듣는다.
햇빛 부숴지는 바닷가 노을 속
한 여인이 걷고 있다.
팔 걸어 외로움 달래주고 싶다.
갈매기 무리 지어 다시 파도를 끌어 오면
침묵 속에 바다의 말이
고독한 내 안에 빛의 집을 짓는다.
거짓의 소리가 충돌하는
빛은 없는, 그런 세상과는 다른
원초적인 감촉의 언어가 속삭인다.
내 눈 속에 밀려오는 물결소리

나는 머뭇거리며 말을 건다.
너를 안고 온밤
잠들고 싶다고.

마음이 시든 날은

아우야, 마음이 시든 날은
고개 너머 고향에 가자. 가서
예 살던 자취 사라졌으면
이방인처럼 지신 밟듯 둘러라도 보고,
촐랑거리는 물소리 귀에 아련한
줄달음쳐갔던 시내 찾아 손이라도 적셔보자.
벗들 더러는 벌써
신 벗어 두고 떠났겠지만
막걸리 한 잔에 상 두들기던
장단소리는 남아 있을지 몰라.
아우야, 어깨가 무거운 날은
장성령 너릿재 너머 고향에 가자.
홍두깨에 비단 말아 두드리던
어머니의 방망이 소리가
살아 있을지 몰라.
올 한 해도 시간을 말아 한 뼘인데
나뭇잎 바람에 흩날려 가네.

바람아 불어라

신기루 모하비거나
아틀라스를 넘은
사하라의 바람일는지 모른다.
열대의 불을 안고 오거나
모래의 숨을 머금고 달려와서는
분을 삭이지 못해
둑을 무너뜨리고 산을 밀쳐낸다.
그러는 바람도 숲을 지날 때,
여린 코스모스의 살을 넘을 때는
상처 줄까 숨 멈추고, 발소리를 죽인다.
앞가슴 여는 여인과
괭이 든 농부 이마에만은 너그러워진다.

바람은 나그네처럼 쉬어 보려 하나
아무도 그에게 거처를 보시하지 않는다.
두드릴수록 문은 꼭 닫힌다.
바람 역시
오늘은 어디서 머물까
뉘 집에서 밤을 지샐까 뭘 먹을까
잡념을 접고
유혹의 고운 눈썹에도 머물지 않는다.

한 곳에 집착해 머무는 순간
자신의 모든 것을 잃는다는 걸 알기에
굴렁쇠처럼 굴러야 한다. 마구 굴러야 한다.
숙명의 떠돌이.

바람, 사람
'람' 자 돌림의 형제인 듯
바람의 마음은 멀리 떠나 있는데
사람은 자본의 둑에 막혀
경제의 신에 허리를 꺾고 머리를 조아린다.
아스팔트 터진 틈의 비집은 풀을
빛나는 발로 으깬다.

불어라 바람
저 아마존까지 불어라.
너를 애타게 기다리는 친구들을 위해
연인을 위해
시름을 날리기 위해
바람아 불어라.

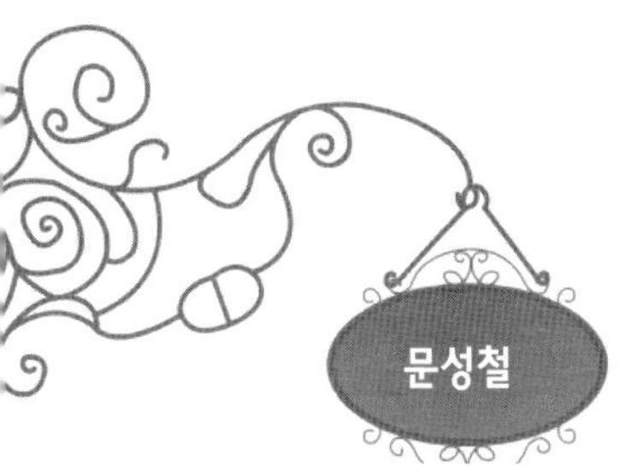

· 노사신문사 편집부장
· 서정문학 시부문등단
· 한국서정작가협회 회원
· 『그리움은 그리운 것들을 부른다』 외 작품 다수

우리가 그때 그곳에 있었으므로

항상 가슴 아린 아픔의 배후에는
잊혀지지 않는 것들이 서성거린다.
잊으려 하면 할수록 벗어나려 하면 할수록
맨살 속을 파고들어 붉은 문신 더 깊이
새겨 놓고야 마는 형체 없는 기억들

존재했으나 사라진 것들
보았으나 버려진 것들
들었으나 어느 순간 바람이 된 것들
가버린 시간 이라든지, 사랑이라든지
욕망이라든지 혹은 배신이라든지
가난이라든지 참을 수 없는 모욕이라든지
우리가 단념할 수밖에
없었던 눈물 같은 것

생각 끝에 밝아온 새벽처럼 갑자기 내리는 폭설처럼
잊혀지지 않는 것들과 문득 마주칠 때면
이제, 낯선 두려움 대신 기억 속으로
걸어 들어가 아픔과 당당히 마주하자.

형체 없이 쏟아지는 생각 속에서 선명하게 드러나는
흉터를 흔쾌히 받아들이자 그래, 기꺼이 마주하자
우리가 그때 그곳에 있었으므로 그리하여,
정처 없이 나부끼는 기억의 잊혀지지 않는 잊을 수 없는
아픔까지도 우리가 안고 가야 할 것이므로

길

1
뱀이 허물을 벗듯 껍질까지 벗을 기세인 자작나무 한 그루
푸르던 잎 다 내려놓고 선 자세로 겨울 사물이
바람에 흔들리는 것을 조용히 지켜보고 있다.

2
길이었을 것이다.
살같은 잎사귀 다 떨군 수천 갈래의 가지는
나무의 길이었을 것이다.
한 낮의 뙤약볕과 거친 바람과 폭풍우 속에서도
나무는 뼈마디 마디 스스로의 길을 냈을 것이다.
저 가지의 길을 다 이으면 나무의 생각을 읽고
밑줄 한 줄이나마 그을 수 있을까
나무의 길을 보면서 사람의
길을 생각한다.

3
한 그루 나무는 가지의 길 위에서
무수한 잎을 피워내고 꽃과 열매를 부른다.
사람의 길도 나무의 길과 다르지 않아서
멀리 더 멀리 나간 마음들이 수고롭게

만들어 낸 꿈을 향한 몸부림이었을 것이다.
우리는 사람의 길 위에서 무엇을 피워낼 것인가
속절없이 나무의 생각을 가늠해보는 바람 부는 저녁,
한 그루의 나무는 선 자세 그대로 견고한 가르침의 문장이다.

지난 사랑

새벽, 낙타의 눈에 비친 사막이 밀려들었다.
바람에 숨 막히도록 몰려드는
모래 사이로 불현 듯 지난 사랑이 찾아왔다.

미완의 사랑이 묻는다.
사막의 모래 바람 속에서도
별이 보이느냐고
그 별이 그립지 않느냐고
나는 모래 박힌 낙타의
눈 속에 든 너를 바라볼 뿐
모래 서걱이는 입으로는 아무 말도 할 수 없다.
사막의 뜨거운 지열에
이미 별은 녹아 내렸으므로
저 홀로 불타오르다 불타오르다
흘러 내렸으므로.

사막의 모래처럼 부서지기 쉬운 우리들의 사랑,
나는 시간을 풀어헤치는 모래바람 속에서
충분히 사막의 별을 그리워했으므로
간절히 보듬어 왔으므로
사막의 시간을 거슬러 전하는

바람 같은 말에 끝내 답하지 못했다.

낙타의 눈에 비친 찬연한 슬픈 너머로
지난 사랑에 대한 뜨거운 눈물 몇 점이
연보라 빛 사막의 새벽 사이로 무뎌지고
모래바람은 아직도 여전하다.

· S-Oil㈜ Aro생산2부 Aro동력과 근무
· 방송대학교 국문학과 4학년 재학 중
· 서정문학 시부문 등단
· 한국서정문학작가협회 회원

바람의 기도

새벽 안개 짙은
보이지 않는 길을 따라
하늘마저 안개를 먹어
발끝이 없는 사람
뒤를 돌아보면
걸어온 길의 흔적이
희미하게 닫히고
철문에 자물쇠 채우듯
철커덩 묵직한 소리가 깔린다
두려운 생각에 한참을
제자리를 멍하니 지키다
다시 뭉툭 잘려나간
발을 앞으로 내민다
발목을 스치는 안개의
축축하고 음산한 서러움이
스멀스멀 기어올라
머리털이 안테나처럼 전파를 탄다
퇴행한 박쥐의 눈처럼
육감에 따라 이리저리 움직이고
앞이 없는 길은 등을 돌린 채
바람이 불어 안개가 걷히기를 기도한다

채움의 미학

머릿속을 무엇으로 채우나
현인들의 지혜
아름다운 시구
한 편의 영화처럼 펼쳐진 이야기
세상의 철학들
넘치고 넘쳐나는 지식서
무엇이 살아남은 자의 기억에 남아서
거칠고 삐뚤어진 길을
눈 똑바로 뜨고
한고비, 한고비 넘어갈까
길을 걸을 때도
잠을 잘 때도
머리는 한 페이지의 책장을 넘긴다
활자는 머리를 맴돌고
마르지 않은 잉크 향기가
코끝에서 눈으로 들어와 박힌다
채워도 채워지지 않는 배고픔은
머릿속 현기증만 더한다

추억

가슴 한편에 작은 기억을 풀어
햇살 잘 드는 마당에 내놓습니다.

진한 그리움이 아지랑이 피어오르듯
마당 여기저기에서 올라옵니다.

가까이 다가가 잡지 못하고
울먹울먹 가슴만 쥐어짭니다.

다시 용기 내 다가서며
그 이름 부르려니 목구멍 끝에 걸립니다.

아련한 기억의 단편들을 모아
차마 부르지 못한 이름 석 자를 새깁니다.

추억의 조각들은 부서진 유리 파편처럼
햇빛을 반사하고 하늘마저 집어삼킵니다.

· 1967년 서울출생
· 아세아연합신학대학교 대학원 졸업(치유선교학 전공)
· 서정문학 25기 신인문학상 시부문 당선
· 한국서정문학작가협회 회원
· 한국역사문화생태 체험강사 수업중

앵봉산 탑골생태공원 I

두어 번 마주하고도
벌겋게 달아오른
너의 낯빛이 뜨겁다.
그 더웁던 여름날은
혼백을 놔두고 갔는지
허허롭고
산 등선 재잘거리는
나뭇잎 가이내들만
소슬댄다.
아무도 찾아오는 이 없는
보덕사 풍경소리마저
너의 붉은 낯에
숨었는지 말이 없다.
봄
여름
갈 없이도
옷을 갈아 입고 속으로 속으로
영그는 적송은 허리숙여 비껴가고
생강나무에도 쓰러져 눕던
김동리도 되살아나는 곳,
한낮의 뙤약볕에도
봄인 양 산철쭉은 가슴을 내민다.

앵봉산* 탑골생태공원 II

북향을 해서인지 춥다.

자궁속으로 들어가
흐트러지게 논것도 아닌데
힘을 다 뺀다.
누가 있길래
밤마다 옷을 벗기고
제 몸만 가리웠는지
공작 단풍만 붉다.

수줍은 원추리, 옥잠화, 비비추는 눈을 감고
마가목, 아까시, 모감주, 주목은 못 본척 뒤돌아 서 있다.
앉은뱅이 민들레, 토끼풀, 양지꽃, 씀바귀는
어젯밤 떨구고 간 거시기 때죽나무 흉을 보고
담장치고 이웃해 사는 복자기는 복장이 터진다고
겉옷을 득득 뜯어낸다.

아랫켠 세들어 사는 털별꽃아재비는
속도 없는지 이팝, 조팝을 터트리며,
신발도 신지 않고 망초할멈 치마 속으로 기어들어 간다.

---

* 앵봉산 탑골 생태 공원–은평구 생태 공원으로 북한산 둘레길 7 로선

앵봉산 탑골생태공원 III

나무에도 위아래가 있다고 치마 바람 날리는 층층나무,
봄이면 다람쥐, 청서 들랑날랑 젖줄을 빨아대는 통에
피골이 상접한 고로쇠,
등이 가려울 때마다 옆구리 간지럼피는 배롱나무,
산에서도 동서남북 전쟁나면 튀어나가는 화살나무,
6월이면
가신 님 발목잡고 푸른 물 들이다가 허연 얼굴에 버즘이 가득피는
물푸레나무,
단통법에 속고, 3.0 정부에 물먹어도 성을 바꾸지 않는 박태기,
서리가 내리면 여지없이 갈라져야 사는 상수리나무,

죽어서도 못 잊어 이황 매화나무,
한양길 나선 조랑말은 흰말채 나무로 때리고,
우리 고운님 신발은 신갈나무로 새 신 지어 드리고,
죽어서도 왕명을 받들어 남기는 회화나무,
꽃송이가 구름이 되어 피어나는 귀룽나무,

산새 따라 물새 따라 유연히 살라고 버드나무,
먼저 간 님 생각에 제 혼자 붉게 물든 산수유,
외로워 혼자서는 살기 싫다는 맥문동,
바람난 서방님께 몰래 드리는 주목,

'나 이래뵈도 미국에서 왔다' 고 호들갑 떠는 서양민들레,
애미 잃은 자슥의 설움 잊으라고 원추리,
세상사 모진소리에도 가슴앓이 감싸 앉고 묵묵히 꽃피우는 왕벚나무.

큰 산 작은 집 이어도
이름 불러주는 이 맞을까 하여
갈 봄 없이 작은 옹달샘 거울에 순서 없이 비쳐보네.

· 신안문학회 동인
· 신안문학회 『동인지 섬새들의 노래』 공저
· 서정문학 시부문 신인상
· 한국서정작가협회 회원

동창회

그 오랜 세월
마음 속 영상으로만 그리다
잃어버린 세월만큼 높은 기대감으로
하나둘 찾아드는 낯선 듯 친근한 얼굴들
화들짝 놀라고 찡한 마음
두부김치에 소주 한 잔
반주 없는 화음이
잔잔한 파도처럼 철썩이는 시간
술 잔 속에 떠오르는 유년의 추억
소년이었던
소녀였던
지금은 그 소년, 소녀보다 더 큰
자식을 둔 성긴 백발 민망해하는
등짐 가득 진 친구들
깔깔대며 질펀이는 논둑길 달리다
넘어져 진흙에 만신창이가 되어도
씨~익 웃었던
천진했던 모습 언뜻언뜻 비치고
이마마다 세월의 파편 인장이 되어
술잔이 돌고 돌 때마다 푸르다 하얗게
쏟아지는 사연들

긴 세월 흘렀어도 마음의 창엔
동심의 그림자 가득하다

노숙자

찬바람이 여민 옷자락을
들썩이는 시멘트 바닥에
폐지보다 남루한 행색의 노숙자
걸어온 세월보다
더 깊게 패어 버린 주름살
고달픈 여정보다
더 흐릿한 눈동자
한 조각의 빵에 목숨을 거는 순간
생의 빛은 차츰 희미해져간다

온전치 못한 손놀림으로
주린 배를 채우기 위해
차디찬 허공을 헤집는
고뇌와 쓸쓸함은 먼 나라 이야기
그는 어느 계절 속으로
침잠하고 있는 걸까

낙엽의 추억

즈려밟기 못내 아쉬워
한아름 너를 안고 강을 건넜다
등 굽어
작달막한 체구로
물일 들일 마다 않으시던
어머니
밟히면 바스라지는 너
한없이 부서지던
어머니의 굴레

· 한국미소문학 시부문 등단
· 시와수상문학 작가회 정회원
· 동인지 :『세발자전거로 가 보는 사람세상』
· 한국미소문학 계간지 2011, 겨울호~2014, 여름호 공저
· 서정문학 시부문 신인상
· 한국서정작가협회 회원

삼고초려 三顧草廬

잠시 빌려 쓴 인생 빚진 세상
채무변제를 다 하지 못한 시를 쓰며
주어진 내 몫의 시간을 쪼개며
버겁게 발버둥치고 있다.

눈물마저 얼어붙은 차가운 새벽 공기
마른침 삼키는 삶의 중량감 어이할까나
타는 가슴 쓰다듬어줄 수 있는 손길
동행의 인연이 그리운 계절

지천명의 세월이 흐르는 사이
머리 위에 하얀 서리 내려
이마에 훈장처럼
잔주름 그려져 있구나

흐르는 세월의 강가를 걷다가
먹먹히 전해오는 아릿한 아픔이
가슴보다 먼저 울부짖는 내 영혼의 애증
먼 훗날 뒤돌아볼 자아에 부끄러움 없기를.

무심한 사랑

무뚝뚝한 표정 무심한 얼굴 뒤에
걱정스러움과 애끓는 마음
심드렁한 말투 속에서 사무치는 정
어색한 웃음 뒤에 미안한 마음

관심 없는 행동 뒤에 당신만 쫓아가는 시선
미안한 마음 뒤에 고마움을 표시도 못하고
변함없는 일상 뒤에 사랑의 완성을 꿈꾸고
무심으로 포장한 내 방식으로의 사랑

보고 싶다고 사랑한다고 말하지 않아도
보고 싶지 않고 사랑하지 않는 게 아닌
굳이 말하지 않아도
소통되기를 바라는 나의 무심한 사랑

시린 눈빛에 이슬 머금고
별빛 달빛 시리도록 하얀 밤
일엽편주 노 저어
임에게 향하는 마음

길 떠나는 연인이여

붉그스레한 수줍은 얼굴
연지 곤지 찍고 족두리 받쳐 올려
아름다움으로 수놓은 비단옷에
다소곳이 고개 숙인 연인이여.

입가에 잔잔한 미소
세상 속에 때 묻지 않은 아리따운 마음
욕심 벗어 걸쳐두고 잿빛 마고자로 환복 한
애련한 모습이 서러워라.

속세의 인연 깊고 깊은 정 어찌할 바 몰라
스산한 바람소리 가득한 낯선 거리에
마음 한 자락 내려두고
기도하는 마음 천 갈래 만 갈래 찢어지는 아픔.

푸르던 청춘 삶의 고락에 멍든 자국
고엽 되어 날리우고
가슴에 새긴 커다란 나이테 한 줄 남기며
차디찬 협곡으로 비틀비틀 길 떠나는 연인이여.

· 2001년 〈문예사조〉 시 등단
· 2011년 〈수필시대〉 수필 등단
· 시집 :『머리 위에 산 산 위에 하늘』 외 3 집
· 동인지 :『서정 대표시선집』 외 다수

황포돛배가 흐른 길

여주 땅 남한강 상류에서
강물의 운명을 가르며
황포돛배가 소리나지 않게 흐른다
외롭게 흐른다
시련의 시간을 흘러간 것이다

강물이 흐른 길도 길이다
저 풍경을 보는 내 눈길도 길이다

황포돛배가 강물이 흐른 길을
강물의 운명을 가르며
외롭게 흐른다
나도 외롭게 보고 있다
지금 저 풍경을
어디선가 외롭게 보는 사람들

또 많을 것이다.

난향은 못느끼고…

만 원짜리 시집 한 권
보내드렸더니만
이주열 부장이
축하 난을 서울서 보내주셨다
청자 향로 형태로 보인
난분에 꽃대가 벌써 네 개나
올라 피기 시작한다

꽃봄에서 찌는 여름,
풍요의 가을,
매운 겨울로 가며
살아줄 것인데
값을 따지고 있었다
아내는 고구마를 오븐에 굽는 중에도
난향이 난다고 했다

내 코로는 꿀맛 고구마 내음에
취하는 데 말이다

난분이 좋아 보였다가는
난잎이 낱낱이 자람이 좋아 보였다가는

난향은 못 느끼고
난꽃만이 좋아 보였다

난아! 잘 자라주길!
난, 잘 키워볼란다.

자색 고구마를 먹으며…

찐 자색 고구마를
통장님이 주어 껍질을 까서 먹어 봤다
허기짐에 자색 속살을
허겁지겁 먹으며
밤 고구마, 노오란 고구마 속살을
그리워했다

웰빙이 생각났고
가난도 생각났고
진화해 가는 말 없는 생물을
의심하며 먹어 치웠다

형제라도 동상이몽이라는데
고구마끼리라도
서로들 맛있다고 투쟁하는 건 아닌지?
처음 먹고 나니
보약 한 첩 먹었다는 기분이니
의심이고 뭐고
먹길 잘했다

고구마는 가난한 시절 유산의 상징은 아니었다.

· 동국대, 동대학원 재무회계 석사 육군령광장교 및 공기업 37년
· 서정문학 6기 시조부문 등단
· 한국서정작가협회 회원
· 서울시 재향군인회 감사(현)

대봉 감, 감나무

폭풍 비
무게 감당 못해
생가지 찢어져도

행복인양
매달린 감,
온몸으로 지켜주는

당신은
감중 제일 큰
대봉 감, 감나무

거느린
육과사랑, 이력의
홍시 꿈 실어

그 달콤함
입안 영하
승화 전이 되는 데

별리의
생애 바람이
하늘만큼 그린다.

이장, 출석移葬, 出石

1
산채 내 황토방에 그 세월 시린 형상
기다림의 문 열고 영혼의 삶 타고 온다
마음속 뿌리발자국 내 하늘 요람 되어

2
두고 간 산천 인연 혼빛으로 감싸주니
세상을 쓸고 닦듯 생사를 회전해 본다
못 잊을 회한 뼈 보며 살아생전 그 부정

3
무언無言이 사무친 곳 무상별빛 지고 날다
명소 착지着地한 성 운석星 隕石, 천상의 선친인양
억만년 인상 화강암 가내소장 미소 핀다.

가을 풍요豐饒

한 웅큼
쥐어먹고
음미하는
가을 풍요

한 생각
원무圓舞추며
종자처럼
피고진다

한 평생
누군가에게
이런 가을
될 수 있을까

· 서정문학 시부문 신인상 수상
· 한국서정작가협회 회원
· 경남 거제시 거주

노란꽃

손끝이 허공을 잡는다

가을 끝에 피워 올린
노오란 꽃을 따던
늙은 할미의 흙 묻은 엉덩이가
미끄러져 내린다

꽃이 앙탈했다

저 꽃도
누군가의 품 속에서
한 시절은 고운 꽃으로
한 시절은 향기 뿜는 청춘 있었으리라

닭, 터널을 지나다

터널을 지나간다
늘어진 목들이 흐른다
비좁은 창살을 흔들며
그들이 산다

얼마나 가야 살 수 있을까
알지 못할 시간이 흐르면
그들은 튕겨나가고

숨막히던 터널 속의 어둠이
마지막 날갯짓임을 느끼기 전에
깃털은 빠지고
빠진 깃털은 그 터널을 지나도
다시 갈 수 없는 길이었음을
알지 못하리라

총총히 울어대며
기웃거렸을 그 틈새를
쪽진 날갯짓 거두며 영혼을
떠나 보낼 시간도 없이

나약한 죽음의 자아로
그들은 또 다시
부화되지 못한 생명으로

열 마디 목을 빼고 서서
그 긴 터널을 지나가리라

까마귀

엄마아
엄마아악

어제 낮
고등어 굽는 냄새를 맡고
덩치 큰 파리 등에 얹혀서
햇살 비치던 거실로 날아 들었던
거위 털을 닮은 꽃씨는 아닐까

비 오는 아침을 적시며 날 부르는 넌 누굴까
날 부르는
잠시 너의 엄마가 되어 빗물을 닦으며 섰다

까만 옷을 입고
아침마다 집을 찾는 자식
입 마른 거친 목소리가
밤새 배고픈 자식

까아악 까악
패악 부리는 거친
투정은 안 된다 이제부터

엄마아
엄마아아
거친 소리로 또 날 부른다
까아악 깍깍

· 경북 청도 출생 감리교
· 감리교 신학대학 졸업
· 강남전선 판매(주) 이사
· 서정문학 25기 시부문 신인상
· 한국서정작가협회 회원
· 한국문인협회 회원
· 서대문 문인협회 감사

고독한 군왕

청청 푸른 솔 도도한 습관
군상의 위엄 갖춘 자부심
대지가 토하는 고통 정도는
한 입에 삼켜 뿌리에 두고
근사한 풍광놀이 수다한 세월
해 돋는 동쪽에만 살았어라

옹이진 마디마디 피맺힘 있어도
여전히 천연스런 의연함에
소박한 여인의 소원일랑
차디찬 가슴에 묻어두고
한강물 휘적휘적 뒤집어 매질하며
고독한 군왕은 동쪽에 살았어라

여름 장마 다녀간 산울에
눈빛 고운 능소화 한 송이 피어 붉기에
헛헛한 웃음 지며 바라다보는
고독한 군왕의 벙어리 고백
후르르 더운 바람 한줄기 불어
가슴 가득 부푼 사랑 밀치고 감이라.

사유

머리에서
가슴까지 거리는
30CM
단 한걸음도 안 되는데
평생토록 간다 해도
못 가보는 이 많다하네요

꽃망울 터치고 나와
봄 빛깔로 차려입은
한 순례자의 고백서

꽃술에 배부른 벌 나비
어제의 기억 당연히 잊은 채
행복한 춤사위 한창인데

그대여!
가슴까지 가려면
무슨 차를 타야 할까요?
얼마의 돈이 필요할까요?

사랑 놀음

농익은 나락논에
길게 입 맞추는 금빛 햇살
참 맑은 노랫소리가 난다

얼굴 가득 환희에 젖어
몸매 자랑하듯
길 손 유혹하는 새내기 갈대들

하늘과 땅이 가을 담아 안고
한판 벌이는 기막힌 사랑놀음

저리도 고운 가을빛
여리고 덜 익은 이 가슴에라도
그리운 사람 보고픈 만큼만
담아보고 싶고, 안아보고 싶다.

· 부산일보 공모전 당선
· 대구매일신문 공모전 당선
· 부산대학교 시 창작대학 수료
· 서정문학 5기 시부문 신인상
· 만해 한용운 시맥회 회원

호사豪奢

병든 부모 수발하는 것을
남들이 효도라 말하니
부끄럽기 그지없구나

나로 인해
사그라지는 육신 자투리조차
늙어 스러짐 잊고 내어주는데

정녕 당신으로 하여
내가 향기로울 수 있음은
가실 날까지 목숨 받드는 일이리라

노안老眼

우산을 털고 식당에 들어선다.
친구들의 반가운 손짓에
주섬주섬 신발을 벗는
순간,
옆 테이블에서 고개를 드는 여자
심장이 내려앉는다.

첫사랑이다
없는 돈에 뒤치다꺼리만 몇 년
백수 면할 때까지만 기다려 달라는 통사정에도
묵묵부답으로 거절당한
그날도 비가 내렸지
허풍과 잘난 척으로 건방만 떨다가
떠난다는 그때사
눈물을 흘리며 바짓가랑이를 잡았던 일
어떡하지?

"자기야 여기"
아! 심금心琴을 울리는 목소리……
먼발치가 아님에도
첫사랑과 닮아 결혼한 마누라를
파마했다고 몰라보다니

모른 척하고
연기가 자욱한 실내를 훑으며
이런 제기랄,

어머니, 당신이 그립습니다.

속절없는 비가 내리면
어머니
당신이 그립습니다.
바람처럼 떠난 남편 뒤로
육남매 치다꺼리 고생길로 야윈
고쟁이 속 하얀 장딴지
그 가벼움에,
아!
몸을 비워야 하늘로 오를 수 있다는 말
억장이 무너집니다.

울 어머니
환갑 며칠 전 다친 손가락 부여잡고
물먹은 종잇장처럼 갔다.
말라버린 젖통과 타다 남은 부지깽이,
생의 무게를 내려놓고서야
아버지가 남겨놓은 마지막 숨결을 끌어안고

아침 햇살에 말없이 누워있다.

· 강릉원주대학교 산업정보경영학과 졸업
· 서정문학 시부문 등단(2009)
· 한국서정작가협회 회원
· 강원도 춘천시 거주

행복한 순간

기쁜 날이다
고향에 친구가 결혼을 한단다
언제나 장난치기 좋아하였고
명랑했던 소녀로 기억하는데 시집을 간단다
하늘이 이 친구의 결혼식을 축복했으면 좋겠다
세상 모든 사람의 축복을 받으며
무사히 결혼식이 잘 거행되었으면 좋겠다
오늘 신랑이 아주 멋있다
웨딩드레스를 입은 친구가 오늘따라 빛이 나는 것 같다
하객들의 기쁜 미소의 출렁임도 두 사람의 결혼식을 반기는 듯하다
화창한 햇살이 두 사람의 머리 위를 비추고 있다
하늘이 웃고 있는 듯하다
새로운 인생이 막 출발하려고 닻을 올렸다

그녀가 소개팅을 나간다고

안경은 왜 벗었어요?
짓궂은 농담으로 물어봤던 말
그녀는 장난기 어린 표정에서 이미
농담으로 읽었다는 듯 크게 웃는다
그 허탈한 웃음소리
곧 짧게 끊어진다
차근차근 설명을 해주는 그녀
사실은 오늘 소개팅을 나간다고
친구가 안경을 벗고 나와달라 부탁했다고
그 말을 다 듣고 났는데
문제없던
문제없을 줄 알았던 가슴은 덜컥
내려앉는다
분명히 좋은 소식이다
그녀가 좋은 사람을 만났으면 좋겠다
적어도 스물여덟인 그녀에겐
이제 결혼을 생각할 나이이다
당연한 일이다

재잘재잘

낙엽 부딪치는 소리
차가 지나간다
나무가 안는다
아이들 노는 소리
터덜터덜 둔치를 걷는다
다친 마음을 잊는다
터덜터덜 둔치를 걷는다
아이들 곁에 온 듯 눈물 난다
아이들 노는 소리

· 문학사랑 회원
· 서정문학 시부문 신인상
· 한국서정작가협회 회원
· 시집 :『깊은 밤 외로운 달』
· 2014 제4회 서정문학 '대상' 수상

헛가위질

여름이 만발한 팔월초 화동으로 휴가 갔다
화개장터에 숙소 정하고 한 바퀴
귀를 찢는 음악 가위소리 자석처럼 끌려갔다
생김새 참 희한한 사람 여자인듯 남자
짝짝이 신발 짝짝이 스타킹 짝짝이 유방
무아지경 내두르는 몸짓 가위질
혼자 노는 축제가 눈부시고 뜨겁다
목판 가득 하얀엿이 개시도 못하고
덤으로 얹어진 햇살만 고봉으로 찰랑찰랑
그 위에 구경꾼 시선 줄줄
늦은 시간 다시 그 자리
아직도 가위소리 여전
목판 위의 엿은 반도 못 팔고
진종일 햇빛만 몽땅 잘라버렸다
보다못한 노을이 울그락 불그락
왕뚜껑 유방이 떨어지는 줄도 모르고
헛가위질로 잘려나간 청춘은
어디 가서 찾아오나

지리산

어떤이는 그를 열 번 만나고 말기암을 고쳤다고
어떤이는 그를 여덟 번 만나고 심근경색을 고쳤다고
입 전파 타고 장꾼같이
발에서 얼굴까지 하루에는 버거운 길
쳐다보면 기막힌 산 자꾸만 빠져드는 산
초입부터 핫팩으로 혈액순환 용의케 하고
뻣뻣한 마디마다 기름을 치더니
우두둑 우두둑 잠자던 관절을 깨우네

굼뜬 폐부를 열어 다량의 호흡을 치네
건조한 피부를 어떻게 알았는지
대형 가습기로 안개보라 내뿜네
편두통으로 설친 잠
마파람 조율로 말끔히 세척하네

온몸 부들부들 용기 주더니
빙긋이 웃는 풍체우람한 석불 한 분
저 멀리 발 아래 하얀 입김 깔아놓고
넌지시 던지는 처방전
심신이 삐걱이면 누구나 오라
진료비는 한 푼도 안 받겠다
하지만 발품은 빡세게 받겠다

먼지

오랫만에 대청소를 한다
선반 위에 뿌옇게 올라앉은 먼지
서랍장 씽크대 밑 장소를 불문하고
엉덩이 퍼질러 앉아서 주인 행세한다
먼지는 눈이 있다
외로움을 타고 거친손을 좋아한다
틈만나면 집안 곳곳 끌고 다니며 부려먹는다
사십 여년 간직한 우리집 내무부장관
벼랑끝에서 덜렁덜렁
언제부턴가 이 몸 균열 생기고
녹슬고 가라앉아
먼지에게 크게 패했다
게으른 틈에 상주하며 철들게 한다
나는 먼지가 시행하는 근면시험에서
낙재 점수를 받은 수험생이다

· 2006년 시부문 등단
· 한국서정작가협회 고문

형제여 함께 나가세

누가 분단이라 이름을 지었더냐
단지 가난하고 허기진 뱃 고래에
철삿줄로 허리띠를 두른 것뿐이어라

형제의 피와 살로 성찬이 웬말이냐
창조 신화에 누가 될 뿐 뉘 배가 부를까
철없던 그 시절 한 되어 사무치네

볏단을 태우듯 열화와 같은 소망
저 넓은 지구촌에 손잡고 나아가세
어느덧 세상은 동방의 나라 찬양하리

바우

두메골 용수목
내 어머니 산고를 지켜보며
정한수 고이는 제단이 되었다가

어미품 대신하여
업어 어르고 재워주고
울음을 달래는 요람이 되기도 했지

바위는

억겁 전설의 이야기와
무지개 다리를 건너가 별을 따라 이르며
세월이라는 새 옷을 한 벌을 주었다네

목마 타던 아이는 훌쩍 떠났어도
쓸쓸해서 외롭고 슬프다는 말은 안 했어
사랑한다 말하지 않았어

그게 다야

조선釣仙

상사로 깊은 호수
물이랑 이는 사연

바람이 절로 불어요

해 묵인 갈대가 우는구려

초연할 수 없는 그리움은
미동 없는 찌만 바라다

한 시절 흐르는 구름 따라갑니다.

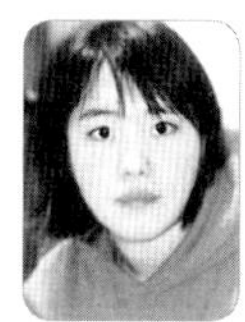

· 조선대학교 국어국문학과 졸업
· 서정문학 16기 시부문 신인상 수상
· 한국서정작가협회 회원

가을의 정취

추운 날씨에 붉은색, 노란색의
단풍이 낙엽이 되어 떨어진다.

가을바람 불어오니 주변사람들의
안부가 궁금해진다.

삶은 무엇인가?
삶은 의미를 부여하기에 따라
삶의 가치를 느끼는 것이 다르다.

서늘한 바람 부니 가을의
황금들판의 곡식이 익어가고,

하루 고된일을 마친 농부들은
가을바람에 땀을 닦는다.

가을날, 나는 생각에 잠긴다.

행복의 나무

나의 나무에는 꽃이 피었다.
나의 나무가지에는
희망의 열매가 열려있다.

힘들고 고단할수록
긍정적으로 생각해야지…
그것이 덜 힘들고 덜 아프다.

나무를 기르면서
매일 새롭게 잎이 나고
꽃이 핀다.

나의 내일은
더욱 좋아질 것이라고
나 자신이 위로를 한다.

하루

날씨가 추워서 몸이 오그라든다.
세상의 하루는 전보다 추워졌다.

나의 하루는 어제의 하루보다
좀 더 나아질 수 있기를…

지금에 충실해야
시간이 지난 뒤 후회하지 않는다.

두꺼운 옷을 입고
회색빛 하늘을 바라보자.

비 내릴 듯 하면서
맑아지는 하늘에 무지개가 떠 있다.

· 서정문학 시부문 등단
· 서정문학 총무부장
· 한국서정문학 작가협회 회원
· 공저 :『서정의 뜰』
· 현)성교육 강사
· 현)학교폭력, 안전교육 강사

당신이 더 살아야 할 이유

여자보다 엄마로서
쉼보다 고단함이
더 익숙했던 날들
숨 줄 쥔 암덩이들도
당신이 더 살아야 할
이유를 알고 있습니다

정 없는 세상에
가난한 주머니로
힘겨움 두툼한
하루를 살아가는 나
당신이 있어 원없이
사랑할 수 있습니다

혹여!
이길 수 없는 통증이 덤비거든
죽을 힘 다해 밀어내시고
꿀꺽 삼켜버리기엔 너무 아픈 기억은
가을 입에 사정없이 털어 넣으시길

아~ 이제 갓 환갑을 지난 울 엄마
다음 생애도 나는 당신 딸이길…

비야 울지 마!

울지 마!
사랑은 떠난 게 아니라
기약 없는 여행을 간 거야!

안다
나도 사랑하고 이별하고
생가슴 찢어지도록
괴로움 빗발치던 날들 있었으니

어쩜,
기다림의 시간은
웃음까지 아프게 할 거야!
네가 쏟아내는 그리움
쉽게 품어주지도 않을 거야!

자꾸 울지 마!
달리다 겨우 서행하는
숨찬 미련인데
눈치 없이 훌쩍거리면
우린 햇살의 반란을
볼 수 없을 거야!

그러니 울지 마!

가난한 사랑이어도

두 손 꼭 잡고
겨울을 맞이할 수 있어
행복합니다

고기 없는 김치찌개도
두부 없는 된장찌개도
우린 함께여서 맛있습니다

두툼한 외투를 입지 않은 몸도
장갑을 끼지 않은 손도
우린 함께여서 따뜻합니다

잔액 없는 통장도
또 찾아올 시련도
우린 함께여서 두렵지 않습니다

누군가에겐
형벌 같은 가난이
우리에겐
면역력 강한 영양분입니다

토실토실 행복의 볼살이 차오릅니다.

· 한울문학 시부문 등단
· 한국방송통신대학교 국어국문학과 졸업
· 전)서정문학 발행인

피스톤의 울림

피스톤의 왕복운동을 생각하면,
초여름 타작마당을 수놓던 격동의 소리가 가슴을 울린다.

시골집의 보리타작 광경을 볼라치면,
발동기와 탈곡기에 피댓줄을 걸고,
시동을 걸 때마다
녀석은 피-욱! 피-욱! 가쁜 숨을 몰아쉬었다.
처음에는 시콩! 시콩! 소리를 내다
주인의 애정 어린 손길에 감동한 녀석은
이내 통! 통! 통! 소리를 지르며
고단한 줄도 모르고 거듭거듭 달아올랐다.

기쁨의 수확이 벌어지는 타작마당에는
이 산 저 산 오가며 사랑 찾는 뻐꾸기 소리와
이 논 저 논 헤매며 임을 찾는 뜸부기 소리만큼이나
온몸으로 뜨겁게 진율하는 녀석의 울림이
지각없는 내 가슴에다 격정의 못을 박아댔다.

사랑의 표상

첫사랑을 느낄 때는
요사스럽게도
나 자신을 수습할 수 없을 만큼
얼굴이 화끈거리는
가슴의 두방망이질을 막을 길이 없다.

마력의 사랑, 그 사랑의 힘만이
남자의 생명록, 여자의 생명록을
최정상의 자리, 동위권同位圈으로 격상시킨다.

둘이 진정으로 사랑하게 되면
죽자 살자 없어져도 좋다 할 때
드디어 빛이, 번갯불처럼 환히 비춘다.

비가 오기 전에
천둥 치고 번개 치고 벼락이 치는 것은
엄숙한 자연계가
우리 인간에게 최고의 사랑을 가르쳐주려는
천연덕스럽고도 기발한 아이디어idea이다.

그리하여,

구름이 남기는 것은
생명을 키우는 흐뭇한 물줄기이다.
그 인연 가운데 모든 만물이 오롯한 기쁨을 맛본다.

비가 내리는 것은
뜨거운 사랑을 공유한 신랑신부의
극진한 선물이다.
후대에 생명의 인연을 이어주고,
만세 지상의 푸른 지대에
만물이 번창할 영광의 터전이
해 뜨는 아침처럼 밝아오는 일이다.

사랑의 공통분모

어느 해 늦은 가을이었습니다.
나는 어느 친척의 누님이 결혼을 앞두고
선보러 다니던 모습을 생생하게 기억합니다.

그 누님은 얼마나 자유분방하게 생겼던지
눈은 살무사의 찌그러진 눈 같고
코는 올빼미 코 같고
입은 찢어진 매기 입 같고
귀는 당나귀 귀 같고
다리는 안짱다리를 하고 있었습니다.

그런데도 시집은 제일 좋은 데 가려고
남자 가운데 제일 잘난 남자를 얻어 가겠다고
자꾸만 파투를 놓는 것이었습니다.

그 주제에
비위가 얼마나 좋은지 모릅니다.
시치미 떼고 뻔뻔한 얼굴로
입술에 루즈 바르고
자신의 상대는 자그마치
「일등 미남, 나보다 잘나야 한다」며

버티고 앉아 가지고서
누군 어떻고 누군 어떻다고 푸념을 늘어놓았습니다.

그녀의 상대를 향한 붉게 타는 마음
잘난 남자를 바라며 홀로 끓는 마음
일등 신랑을 절실하게 기다리는 마음
최고의 짝을 찾는 대단한 신념 앞에
나는 화들짝 놀랐습니다.

어찌 그 누님뿐이겠어요?
따지고 보면 누구라도 그러합니다.
사랑의 대상자가 자기보다 못생기기를 바라는 사람은
아마도 현상금을 주고 찾으려 해도 못 찾을 테니까요.

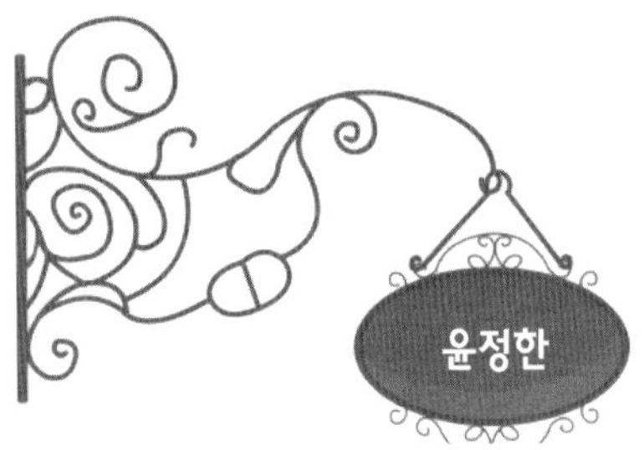

· 월간 한맥문학 신인상문학상 수상
·『한국서정대표시선』1,2,3,4
· 환경신문 우수 작가상 수상
· 시집 :『점빵집 할매 이야기』

늦은 가을녘에

수천 가지 옷 입었던 나뭇잎
다양한 의미의 삶 살다
마지막 한 잎까지 등 굽은 낙엽
너와 나의 기억 속엔 그리움
새겨져 있으리라

내가 살아 있고 세상이 존재 하는 한
계절이 바뀌면 또 그 자리 새잎 돋아
그대 여린 맘 울타리 될 것입니다

늦은 가을녘
사랑을 주고 사랑을 받고
서로를 껴안으며
디딤돌 위 첫발 옮겨봅니다,

가을

가을
가을은 잠에서 깨워 놓고
자기랑 놀자하네,

쳐다만 봐도
사랑하고픈 오색물결
그 속에 행복이 보인다,

나지막한 산에라도
오르고 보면 눈부신 풍광
그 속에 그대가 보인다,

가을
가을은 내 커피 잔 안에서도
그대가 그립다 노래하며

떠날 채비하고
나는 가을을 송두리째
옮겨 오려 발버둥친다.

가을은 깊어간다

나뭇가지 잎사귀마다
밤이슬 방울방울 차갑게 맺혀
바람이 안개 묻어 나르면
밤새 잠들었던 가을
따사로운 햇살과 포옹하다
이슬 머금은 잎사귀
붉은 물감 드리우는 손길
빠르게 농익어가네,
한잎 두잎 낙엽 떨어지는 소리
가을 숲길 깊어만 가고
찾아주는 이 아낌없이 열어주다
가까이 다가오면 가까워진 만큼
멀어져 가면 멀어진 만큼
만추의 기쁨 행복으로만 주려하네.

· 서강대 언론학 석사
· 前) Welcomm, LBEST AE
· 現) 디렉터스컴퍼니 기획팀장

결혼

달리 만들어진 푸른 물감을 한 곳에 쏟아
흐르는 방향대로 노를 저어가다 보면
뒤엉켜 싸우다 빛 삼키는 방법을 잃고
더 이상 나아갈 수 없게 변해버린 잿빛 점액.

철석 같이 잡았던 두 손에는
끈적한 세월과 함께 낡은 노를 가운데 두고
그대와 내가 살아가는 이유가 되었다.

구름 가득 하늘을 그릴 것만 같던 가슴엔
그대라는 별과 달만이 깜빡깜빡 둥둥 떠다니고
가끔 철썩거리는 잿빛 파도 소리만이
그대와 내가 서로 다른 색이었음을 깨워

둘은 결국 둘일 수 밖에 없음을
하나로 숨을 쉬는 순간마다 둘이 되어 내뱉지만
애써 한숨씩 삼켜가며
굳어버려 놓친 노를 못 본 체 서로의 눈만 향해
젓고 또 저어간다.

아들

아들은 고깃덩이로 피를 안고 태어나
시간 만큼 한 땀씩 성장의 바늘 끝에 할퀴어가며
아버지의 그늘로 살점을 이어가고
어머니의 앞치마로 붉은 눈물을 닦습니다.

아들이 되어 갑니다.

그리 살지 않겠다 그늘을 찢는 울음에
아버지의 술 냄새로 콧등이 시리고
잊지 말아야 할 상처들은 벌어진 채 아물며
딱딱한 아들이 되어 갑니다.

아들은 당신들을 향한 웃음을 버렸습니다.

떠나버린 빈 자리 앞에 검게 선 아들은
입가의 수많은 물결을 일으켜
당신들의 자리 위에 홀로 흔적이 되어
더 이상 아들이 아닌 모습으로
울음도 빈 자리에 버리고 갑니다.

욕심

심장의 정수리까지 치고 들려는 욕심이
허튼 계획으로 변질하여
다 들어오면 뭐가 될 지도 모르고
깊숙이 더 깊숙이
있는 힘을 다해 찌르는

푹
푹
같은 위치만 푹 푹.

그 힘을 놓으면
옹골찬 현실의 다리를 두드리련만
미숙하여 앞뒤 분간을
꽉 쥔 주먹 안에 가두고 가리고

욕심인지 계획인지
눈 먼 허공 끝을 저어봐야만 아는
멍텅구리
제 피가 붉은지 헤매는 멍텅구리.

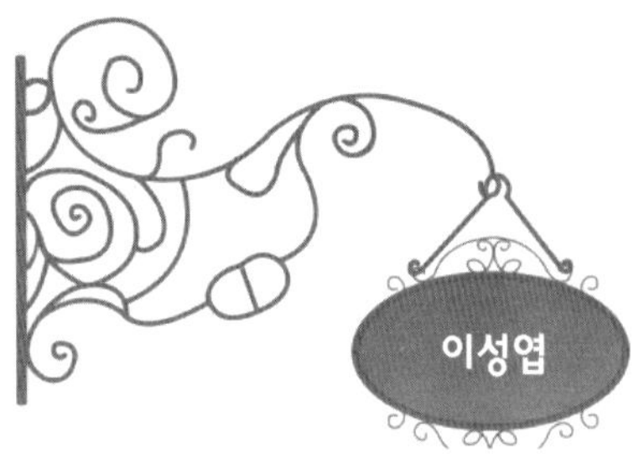

· 서정문학 시부문 등단
· 한국미소문학 신인문학상 수상
· 대한문학세계 신인문학상 수상
· 서정문학작가회의 회원
· 한국미소문학 회원
· (사)창작문학예술인협의회 회원
· 시집 :『옷깃을 놓으며』

열닷새 만월

차오르는 것은 만월만이 아닙니다
가슴 속 깊은 곳에서 샘솟는
당신을 향한 그리움

떠오르는 것은 얼굴만이 아닙니다
속울음 삼키며 시커먼 가슴
쓸어내리던 두툼한 손마디

흘러가는 것은 인생만이 아닙니다
더 이상 줄 것이 없어
걱정만으로 지새우는 마음

남아 있는 것은 백발만이 아닙니다
몽땅한 키와 굽은 허리
깊게 파인 주름 그리고 허무의 눈빛

애타게도 보고 싶은
당신의 이름은 어머니,
나의 어머니

시인詩人은 무엇으로 사는가?

시詩는 무엇인가?
바람이 불면 부는 대로
존재의 이유를 좇아 떠나는 끝없는 여정
속박에 걸리지 않는 초월의 자유

삼라만상 작은 소리일지라도
그것은 영혼의 울림
심장으로 차고
설렘으로 전해지는 한 줌의 떨림

억겁의 세월
침묵으로 앉은 암울한 바위 속에 들어
온 밤 뒤척이며 짜내는
신이 허락한 만큼의 뜨거운 눈물이었다

시인詩人은 무엇으로 사는가?
시간이 흘리고 간 이야기
계절 속으로 묻힌 이야기
세상 속에 떠도는 이야기
사람이 버리고 간 이야기를 품어

오늘도 난,

신이 허락한 만큼의 눈물로 산다.

못 잊을 이름 하나 있습니다

내가 나를 버릴 수 없듯이
잊을 수 없는 이름 하나 있습니다
찢어진 상처 속에서도 살아 움직이고 있고
가슴에 멍울로 남아 숨 쉬고 있는
가여운 이름 하나 있습니다

사랑이 그리움으로 시작되던 날
이별이 누군가에게는
간절한 기다림이었음을 알았고
아픔도 지나면 또다시 희망이 된다는 것도
비로소 알게 되었습니다

흐르는 세월 속으로
아스라이 사라져 가는 얼굴

부르면 고였던 눈물 둑이 터져버릴까 봐
차마 부르지 못하고
회색빛 음영이 낮게 드리우는 날
내리는 빗줄기 세며 나지막이 불러보는
못 잊을 이름 하나 있습니다.

· 충남 부여출생
· 한국문인협회 회원
· 한국시인협회 회원
· 2014년 시와세계 신인상
· 계간 시와세계 사무국장
· 2014년 서울시 승강장 안전문 시민응모 시당선(가을강)

개나리꽃과 복사꽃 사이

빌딩 한켠 고향소식이 살포시 내린다

아이가 악보를 모둔다

담장 아래 이분음표를 쏟아내는
노란 대문 닫혀있는 빛바랜 고향 집

복사꽃 음표를 매단다

개나리가 모자를 벗고 있었다

봄 체온에
새벽 어스름이 등지고 있었다

잠자는 자전거

나를 부르지도 않고, 새벽을 열지도 않습니다
그녀의 발과 손과 다리로 담지 않고
비염에, 대상포진
잠을 청하지 못한 아스피린으로

도시로 빌딩으로 주행하는 것을 멈추지 않습니다
내일을 준비해야 하기에

발자국, 발자국은 염려를, 염려는 가슴에 담은
새벽잠을 드리우고
발자국을 걷고 걸어야만 합니다

눈 내리고, 눈이

밟아간다
내 어릴 적 동면을
햇살이 눈을 나리게 하고
서로를 모른다
너를 모르고
바람과 하늘은
희미한 꿈을 꾼다
사진 속 가면은 늘 춥고
눈과 강이, 하늘이, 어둠속으로
눈은 액자와 가면으로
눈은 가다가 다시 온다
눈은 내리다가 오고 가고
빠져 나간다
강물이 아랫도리에 밟고 간다
젊음을 밟고 간다
하늘을 달려서 스며든다
바람에 강이 밀려
눈에 강이 스며든다
눈이 눈을 감는 다
눈을 감는다
구름이 발자국을 지운다

해가 진다
동백나무에 그늘이 진다
하늘을 달려 내린다
언덕을 넘어 눈이 내린다
눈이 내린다

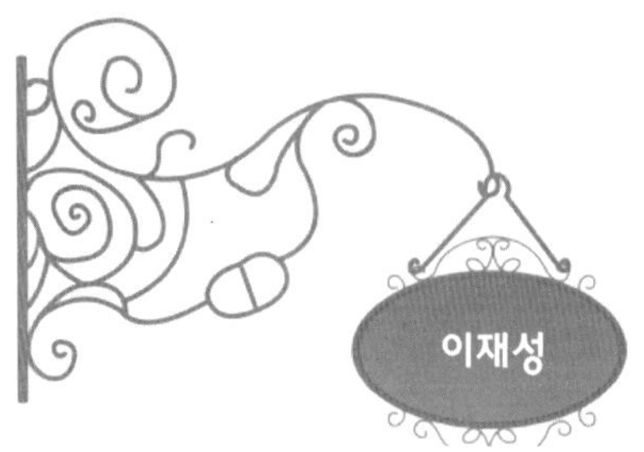

· 서울특별시 초등학교 교사
· 한국동요문화협회 회원
· 서정문학 동시부문 신인상 수상
· 한국서정작가협회 회원

꽃바람

향긋한 바람
꽃바람

솔솔솔
불어오면은

우리들
가슴 속까지
시원하게 해줘요

재잘재잘 히히해해 쉬는 시간

재잘재잘 히히해해 쉬는 시간
요리조리 이곳저곳 왔다갔다
선생님의 조용히 하자는 말씀도 우리에겐 안들리죠

선생님의 걱정하시는 말씀
"이렇게 떠들면 어떻게 하니"
"우리 조금만 조용히 하자"

선생님의 얼굴을 보니 죄송한 마음
나는 얼른 조용히 하고 자리에 앉았는데
아직도 친구들은 재잘재잘 히히해해 하지요

선생님은 살짝 미소를 지으시며 피아노로 가시더니
어느새 내가 아는 예쁜 노래를 부르시죠

선생님과 함께 노래를 부르는데
어느덧 아이들 하나둘 함께 부르더니
재잘재잘 히히해해하던 교실은
어느새 아름다운 노래소리 가득한 꿈나라가 되지요

작은 왈츠

하나 둘 셋
하나 둘 셋

음악 소리에 발 맞춰
손잡고 춤춰요 박자를 맞추며

하나 둘 셋
하나 둘 셋

노래를 부르며
손잡고 춤춰요 예쁘게 춤춰요

· 서정문학등단(시), 한맥문학등단(수필)
· 저서: 『밀알이야기』(수필집), 『세월은 지워져만 가고』(시집)
· (사)창작문학예술인협의회주관 금강일보후원 한줄시 전국공모전 대상
· (사)창작문학예술인협의회 주관 문화관광부, 국회사무처후원 순우리말글짓기 장려상
· 대한문인협회 2013 올해의 시인상

그리움은 저멀리

허구한 날 몽상일지도 모르는 실체
다가설 듯 다가설 듯
가슴 한 켠, 자꾸만 돋아나는 환영幻影
잠시 딴짓 하노라면 숨어버리는 술래
멀어질 듯 멀어질 듯
뽀얗게 나뒹구는 저 편 기억 조각들
한알 두알 주워 모아 끼워 맞추면
환상처럼 피어나는 그리움
한 방울 이슬 되어 눈가에 머무느라
동그랗게 잘게 부서진 깨알 사연들
정류장 벤치에서 노랗게 꿈 그리다가
기진맥진 창가에 털썩 주저앉는 순간
간다온다 말없이 힐끔힐끔 쳐다보며
창 밖으로 나풀나풀 날아가 버리네
내 안에 둥지는 비워진 채 허전한데
애타게 불러도 본체만체 하는구나
차양막에 가려진 듯 가물가물 거리며
애잔한 눈초리로 바라보는 몸부림
상흔은 차곡차곡 쌓여만 가는데
바깥 먼 발치서 겉돌기만 하는구나.

인생 자화상

내 마음의 색깔은 무엇일까
노란색일까, 빨간색일까
하얀색일까, 검정색일까
무지개 색깔이면 더욱 좋으련만
막연한 기대치만 부풀어 오르더라

이미 짙게 물들어 버린 심성
감추려고 아무리 눈속임질 해보지만
애써 박박 문질러 지워보지만
얼룩진 때는 지울 수가 없구나

생기발랄 푸르디 푸른 초록이리라
그토록 믿었던 허황된 공명심
원초적 내 색깔은 변치 않을꺼야
자신만만 우쭐대던 자화상

앵그리듯 새까맣게 덧칠한 채
먼지로 뒤범벅된 말라빠진 몰골
탈색된 옷감인양 누렇게 변해버린
흉물처럼 널브러진 초라함을 보며

밀물 같이 밀려오는 부끄러움에
가슴의 지퍼도 꽉 잠글 수밖에 없는
민망함만 한 움큼 가슴팍을 치더라.

행로

수많은 세월을 빙글빙글 맴돌았네
아직도 갈 길은 아득하기만 한데
굽이굽이 펼쳐진 끝없는 행로는
종착지가 없는 듯 끝자락이 없구나

반백 년 걸어온 발자취를 돌아봐도
보이는 건 까마득한 출발점뿐이로세
언제쯤 목적지에 다가서려나
등짐 진 애환은 겹겹이 쌓이는데

시간은 자꾸만 앞으로 가라 하네
무거운 발걸음은 쉬어 가자 하지만
무정한 세월은 어서 가라 재촉하네
저 하늘에 뜬 구름도 쉬어 가건만…

· 서정문학 시 등단
· 문학광장 수필 등단
· 서정문학 기획국장
· 시집 :『속주머니에 숨겨둔 사랑』

호박꽃1

화투 패로 달아오른 마을회관
십 원짜리 다툼도
핏대 세운 손주 얘기조차도
관심 없는 꿔다놓은 보리 짝

산해진미 한 상 차려
사식 넣듯 얼굴 내민 서울 아들 덕에
흔들어대는 순천댁 엉덩짝이
고래실 논배미만큼 커 보인다

뒷바라지 못해주고
대물림해 준 것이라곤
빈 지게뿐인 노파
얼굴 가득 검버섯이 만발하였다

사랑니 같은 막내아들
가슴에 묻어놓고
쓰리다 아프다 내색 못한 채
침침한 눈 서산에 걸어두고
삽짝에 걸린 귓구멍 열어

검버섯 찾아올
벌 나비를 기다리는 호박꽃

콩나물

안방 아랫목 콩나물시루
어둠을 덮어쓴 채
잡히지 않는 화두를 잡고
음표에 꼬리 달고
볏짚 오선지에 달라붙어
음정 박자 맞춰
맹물로 세상사를 쓴다

부르카에[*] 얼굴 감춘 채
여린 등뼈 곧추세워
각선미 뽐내며
하늘 끝까지 오를 듯
자리다툼 치열하지만
물 한바가지 뒤집어쓰면
집안 가득 퍼지는 비발디의 사계**[**]

수삼일
시루를 깨뜨릴 듯 뜨거웠지만
꽃 피울 수 없는 풋사랑

---

* 부르카 : 무슬림 여성들이 착용하는 베일 중에서 가장 큰 것으로, 머리, 목, 얼굴 몸 전체를 휘감는다. 눈만은 밖을 볼 수 있게 뚫려 있지만, 그마저도 망사로 가린다.

** 비발디의 사계 : 이탈리아의 작곡가 안토니오 비발디가 1723년에 작곡한 바이올린 협주곡으로 봄, 여름, 가을, 겨울을 묘사하고 있다.

파리

누굴 위해
누구에게 비는지
알 수 없지만
손금이 닳도록
빌고 또 비는 파리

새벽녘 장독대에 정안수 떠놓고
물 한 동이 길은 약수터에서
밭두렁 새참 앞에 놓고
성황당 들고 나며 당산나무 아래에서
시도 때도 없이
지문이 닳도록 빌다간
어머니가 환생하였나 보다

안방 둘러보고
부엌도 살펴보더니
늙은 아들 밥상머리 앞에서
머리 조아려 치성을 올린다

· 방송대 미디어영상학과 졸업
· 교계신문 편집기자 역임
· 편집디자이너
· 서정문학 시부문 신인상
· 도서출판 서정문학 대표

스크린19

눈이 바닥을 삼켰다 뱉었다 하고 있었죠
깜빡거리는 가로등이 덮치자
탭댄스 구두가 남자의 발목을 두드려요
옆집 세탁기를 뒤흔들고 있네요
술 취한 노래는 저 혼자 너울거리고 있어요
폐결핵 같은 밭은기침은
발정난 고양이 교성은
뒷집 창문을 들었다 나갔다 하고 있을 때여요
"이 잡것들아! 잠 좀 자자!"
건넛집 이층 창문이 할머니의 얼굴을 왈칵 밀어냈어요

바짝 다가가고 있어요
혼자 열린 바깥귀가 뒷집 창문으로

줄무늬를 향한 변명

가로줄무늬는 사양할게요 출구가 보이지 않는 10대가 웅크리고 있죠 아이의 등을 토닥이며 지나간다고 해주고 싶어요 피박쓰게 될지도 몰라요 눈을 감아요

또 한 사람이 벼랑 끝에 서 있어요 세로줄 무늬는 관능을 기억해요 얼룩말의 저 탱탱한 엉덩이 흠칫 주변을 둘러보아요 곤란해요, 늘 야한 생각을 하시면

서랍에 넣어 두어요 무채색 속에 가두고 바위처럼 나는 단단해가요 비상구 없는 그 속에 거품같은 일상 잠재우고 몸을 누이고 있어요 눈물은 부끄러운 것이잖아요 울컥하기 전에 썩소를 날려요

세로줄 무늬를 입어볼래요 당신의 섹슈얼리티를 인정해요 부끄럽지만 당신을 안아드릴게요 딱딱해진 알도 언젠가 깨지겠죠 겁먹지 마세요 덮치지 않아요

항해

나를 훔쳐보고 있어
민달팽이 점액, 스크린 속 부호들
0과 1은 부딪히며 산란하고 있어

너무 가까이 가지마
미세한 주름이 모니터를 넘나들고 있어
심장이 통통배 소리를 내면 볼륨을 낮춰야 해

클릭을 멈춰, 조준기에 이마가 보여
살살 문질러 놓으면 속일 수 있을지도 몰라
잘 숨는 자가 늘 이기는 법이거든

제세동기 파워 버튼을 누르지 마!
내 목소리는 OFF!
나는 깜빡 죽고 리셋 중!

오늘도 얼굴없는 꿈을 꾸고 있어

- 부산 출생
- 동아고등학교 졸업
- 서강대학교 경영학과 졸업
- ROTC장교 임관 후 수도방위사령부 근무
- 육군 중위 전역

내리는 비에 멈추어 서다

각자의 짐을 지고 자신의 몫을 안고 떨어진다.
얼굴 없는 얼굴들이 이름 없는 이름들이 쓰러진다.

서러운 지난날들이여. 서글퍼할 내일들이여.
숨을 죽이고 이 참람하고 숭고한 장면을 목도하라.

지난날의 잔상들과 앵포르맬한 미래 모두 일소에 부치고
몸을 던져 온 세상을 적시는 빗물을 보아라.

사랑아, 우리도 이와 같아서…

바벨탑*

마지막 막이 오르자
그녀와 노파의 대화가 말이 닿을 수 없는 경지에 이르렀다.

그녀가 춤을 추기 시작했다.
처참한 광경을 풍경 삼아 춤을 췄다.
애처로운 눈빛으로 모두의 얼굴을 어루만지며 춤을 췄다.

그녀가 노래했다.
절규하듯 노래하고 노래하듯 절규한다.
"흑막이 내려오기를! 흑막이 내려오기를!"

노파도 그녀와 심사가 같았다.
그녀의 춤을 보니
무영舞詠과 무연無緣이 어쩌면 다른 것이 아닌 듯 싶었다.

---

* 1980년 중앙대학교에서 공연된 연극 '바벨탑'에 이 시를 바친다.

팔레르모 어느 길 위에서

오른쪽으로 펼쳐진 거대한 바위산은 부서서지 않는 세상 같았다.
억겁의 시간이 바위산을 옹위하고 있었다.
지극히 존엄한 고토다마들이 바위산에 부딪쳐 명멸했다.

왼쪽으로 펼쳐진 바다는 작렬하는 햇빛으로 번쩍였다.
미혹의 바다는 그를 희롱하며 유혹했다.
삶과 죽음의 경계는 얇은 유리 한 장만 못했다.

그는 어디로도 갈 수 없었다.

에트나산은 장엄했고, 지중해 바다는 눈부셨다.
그가 갈 곳은 어디에도 없었다.
새벽에서 아침으로 가는 시간이었다.

· 지필문학 신인문학상
· 대한문학세계 시 부문 등단
· 대한문인협회 정회원
· 시집 :『목련 그늘 아래서』

낙엽이 되어버린 나뭇잎

가을빛으로 물들어가는 저녁
작은 바람에도
어쩌지 못하고 흔들리는 나뭇잎
힘이 없어 보입니다

저물어 가는 황혼
늙은 모습 보이지 않으려고 한 분단장
빨갛게 칠했더니 좋다고들 몰려오기에
남은 힘 쏟아
여윈 추억담은 세상 물들여주고

억새도 사연 아는지라
바람을 등에 업고 은빛 머리 휘날리며
돌아오지 않을 청춘 위로해주는데

붙잡은 가지를 놓친 나뭇잎
이제는 돌아갈 수 없는 낙엽 되어
떠나지도 못하는데
나무는 아무 말이 없습니다

진달래

봄비 내리는 날
그대 보고 싶어
빗물을 가슴에 묻어두고

꽃 비 내리는 날
그대 그리워
꽃송이들의 몸짓을 본다

바람이 부는 날
그대 보고 싶어
바람꽃 되어 들리는 듯

바람꽃 날리는 날
그대 그리워
초록이 다가옴도 모른다

초록이 오는 날
그리움 아껴두고
진달래는 숨어서 진다

여섯 줄 마음

가지 많은 나무 바람 잘 날 없다는데
고목에 열린 여섯 줄

월요일 저녁
고목에 꽃을 피울 수 있도록
늘 밝은 미소로
여섯 줄은 웃음으로 활력를 더해준다

만나면 서로의 안부를 물어주며
늘 반갑게 인사를 나누는 고목의 여섯 줄

부족함을 채워주고 감싸 안으며
언제 어디서 만나도
아름다운 소리로
여섯 줄 마음 변함없으리라

· 서울과학기술대학교 졸업
· 서정문학 시부문 등단
· 한국서정문학작가협회회원
· 2010 공무원문예대전 시부문입선(행정안전부장관상 수상)

타틀라마칸* 낙타

흔들릴 때마다
삶의 균형을 유지하는 듯
웅켜진 손과 버듬버듬 지탱하는 발
이따금씩
가누기 힘든 목을
꼿꼿하게 세우고
고개를 쳐든다
눈을 감고 걷는 시간
사당역을 지나
강남역을 통과 할 쯤
큼직한 희망과 안감 비집은 절망과 함께
점점 가슴에 고개를 파묻는 사내
넥타이 풀린 어깨 틈 사이로
낙타 한 마리가
짧은 꼬리 감추고
타틀라마칸 사막을
걷는 중이다

* 타클라마칸 사막 : 중국 신장웨이우얼 자치구 위치한 광활한 붉은 사막이다. 사막의 면적은 영국보다 더 넓다. '타클라마칸' 은 '들어가면 다시는 나올 수 없다.' 라는 뜻이다

담쟁이 넝쿼
–조연순, 이성용 부부*

담쟁이 넝쿨
허공에 기댄다
또 다른 넝쿨 하나가
살며시 다가와
보듬는다
서로 의지하고
지탱하며
초록 길을 낸다
그들 사이에서
내가 모르던
그들만의 아우르는 사랑과
잔잔히 살아가는 법을
배운다

* 조연순, 이성용 : 노원구청 근무

단풍

가을 편으로
늦게
도착한 편지

이제야
꺼내
읽는다

김진홍

박응보

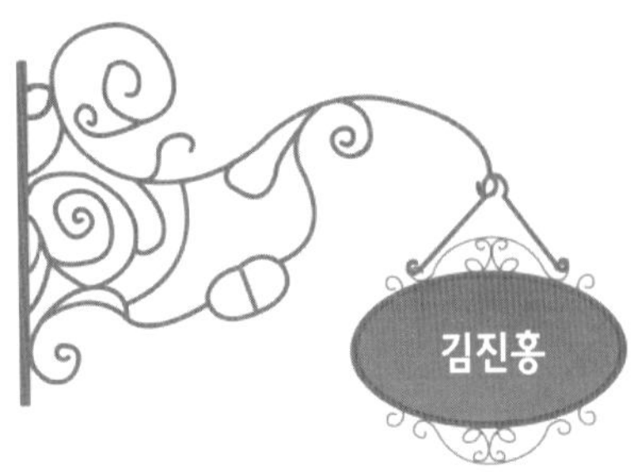

· 2014년 3월 한울문학 수필부문 신인문학상 등단
· 한울문학 언론인 문인협회 회원
· (주) 부평중앙 기획실장

제천 댁의 귀향歸鄕길

내가 어렸을 적 동네 아주머니들은 나의 어머니를 제천댁이라고 불렀다.

고향인 제천을 떠나 서울로 시집와서 3남 1녀를 두었고, 어렵던 시절 이 땅의 어머니들이 그러했듯이 세상을 일찍 여읜 남편의 몫까지 궂은 일 험한 일 마다않고 자식들 뒷바라지에 한 평생 다 보내고, 이제는 자식들 성장하여 그런대로 살만해지고 나니 어느새 팔순을 넘기고 말았다.

흐르는 세월이야 그 누구도 어쩔 수 없는 것이지만 안타까운 세월 따라 노환이 찾아들고 어느 날부터인가 슬금슬금 치매가 손길을 내밀기 시작했다.

지난 몇 해 동안 가벼운 치매 증세를 보이긴 했어도 그다지 우려할 상황은 아니었는데 팔순을 고비로 흐르는 세월의 속도만큼이나 빠르게 증세가 악화되며 이런저런 심각한 상황이 벌어지기 시작했다. 노인들의 치매문제는 이미 사회적 문제로까지 대두된 마당에 그로 인한 상황과 고통은 굳이 구구절절 늘어놓을 필요는 없을 듯하다. 하지만 도저히 예측할 수 없는 난감한 사건이나 사고가 한 시 멀다 하고 벌어지고 있는 와중에도 노모가 변치 않고 되풀이하는 말이 있다.

"오늘 나물 캐러 제천에 가야 하는데, 가야 하는데.."

살면서 어머니에게서 고향인 제천에 대한 이야기를 들은 기억이 별로 없는 것 같다.

매일 반복되는 이 말속에는 아마 어릴 적 지내던 옛 고향과 어린 시절을 그리워하고 있거나 혹은 지금 그 때로 돌아가고 있는 중일 지도 모른다는 생각이 들었다.

전쟁터 같은 하루하루에 가족들은 많이 지쳐만 가고, 나 또한 자식된 도리와 지속되는 살얼음판 같은 현실과의 갈등 속에 결국 합리적 논리와 사회적 인식 기준을 핑계로 노모를 요양원으로 모셔야 한다는 결론에 이르렀다.

노모를 요양원으로 모시기로 한 날.

짧은 봄이 아쉬운 듯 새벽부터 빗방울이 간간이 뿌리기 시작했다. 노모와의 아침식사가 끝날 즈음 동생이 먼저 말을 꺼냈다.

"오늘 형하고 어머니 모시고 바람도 쏘일 겸 제천에 갈 거예요, 따로

준비할 거는 없고요, 그냥 그대로 가면 돼요"

사실 한 지방에 있는 요양원으로 모시기로 했는데, 차마 말을 할 수가 없기에 거짓말을 했다.

노모는 세칭 고무줄 몸뻬 바지에, 엷은 스웨터, 그리고 달랑 지팡이 하나 손에 든 채 다시 돌아올 수 없을지도 모를 길에 올랐다.

차가 고속도로에 오르자 세찬 비가 퍼붓기 시작했다. 좁은 차 안에서의 긴 여정에 지루해하는 노모에게 무슨 말이건 건네야 될 터인데 착잡하고 편치 않은 마음이 앞서 딱히 할 말이 떠오르지 않았다. 동생 역시 그러한지 좀처럼 입을 열지 않고 창밖만 바라보고 있었다.

두어 시간쯤 달려 대전을 지날 즈음 내내 아무 말 없던 노모가 불쑥 한마디를 던졌다.

"도대체 어디를 가는 거야? 이렇게 비가 쏟아지는데,"

" 어머니 고향 제천에 가는 거예요" 동생이 대답을 했다.

얼마를 지나지 않아 무언가 불안한 표정을 지으며 노모가 또 물었다.

"도대체 어디를 가는 건데 이렇게 멀리 가는 거야?"

그리고 노모의 이 질문은 가는 동안 몇 번이고 되풀이되었다.

그 사이 도저히 멈출 것 같지 않던 비는 멈추고 저만치서부터 날씨가 개기 시작했다. 차창으로 가늘게 들어오는 햇살에 비친 노모의 지친 모습을 보니 마음이 울컥해진다.

거의 한나절을 달려 미리 연락을 취해 놓은 요양원에 도착했다.

동생이 입소 절차를 거치는 동안 나는 노모와 함께 시설을 둘러보았다.

“여기 어때요? 어울릴 할머니들도 많고, 경치도 좋고……. 그리고 저기 보이는 곳이 우리 밭인데 어머니가 여기 있으면서 나물도 캐고, 남들이 못 가져가게 돌봐 주면 좋을 것 같은데요”

내 말에 노모가 정색을 했다.

“나보고 여기서 자라고? 내가 왜 저 늙은이들하고 같이 있어, 그냥 집에 갈래”

요양원 원장의 말에 의하면 “이곳에 처음 오는 노인들은 다 똑같은 반응을 보이니까 마음은 아프겠지만 안 볼 때 슬쩍 돌아가는 것이 최선이고, 한 열흘쯤 지나면 서서히 적응하게 되니 걱정하지 말라”는 것이다.

마침 오락 프로그램이 한창 진행 중에 있어 노모가 다른 노인들과 잠시 어울리는 사이 원장의 권유대로 슬며시 자리를 떠났다.

노모를 남겨 두고 돌아서 오는 길,

자식들이 눈에 띄지 않으면 당황해 할 노모 생각에 내내 가슴이 저며 오고 한편으로 죄스러운 생각에 눈이 아렸다.

꼭 이렇게 해야 하는 걸까?

이토록 아픈 가슴과 밀려드는 죄책감은 혹시 이번 결정에 대한 일말의 변명이고 면죄부적 감정은 아닐까?

“노모를 위해서 그리고 남은 가족들을 위해서”라는 합리화된 논리로 내린 결정이었지만 혹여 나만 편하자고 한 것은 아닐까?

형언할 수 없는 착잡한 심정에, 정리할 수 없는 온갖 잡다한 생각에 빠져있는 동안 차는 어느새 서울에 다다르고, 창밖으로 보이는 맑게 갠 하늘 저편으로 마른 번개가 스쳐갔다.

· 서정문학 소설부문 등단
· 한국서정작가협회 회원
· 산능대학 경영정보학과 졸업
· GBC(극동 비즈니스 스쿨) 중소기업 경영과정 수료
· 비즈니스 컨설턴트

자짜子字돌림

가정법원에 개명신청을 할 수 있는 이유 가운데 하나로 '일본식 이름' 이 들어있다. 일반적으로 여성의 이름이지만 남자 이름도 일본식 한자 발음을 택하면 그 부류에 속한다. 잊어버릴만 하면 꺼내는 박정희 대통령의 일제시대 만주 군에서 근무할 당시 이름이 '高木止雄으로 나카키 마사오' 이다. 박응보 역시 일본식 한자 음으로 표기하면 朴應普가 '보쿠 마사히로' 가 된다. 남자 이름이 일본식 이름이라 해서 개명하려고 법원까지 가지고 갈 사람은 흔치 않을 것이다.

일본식 이름 하면 여자 이름에서 영자, 순자. 경자, 방자, 금자, 은자, 정자, 숙자, 옥자, 현자, 혜자, 희자, 청자, 신자, 군자, 민자 등등 많다. 잘살지 못하던 시절 1970년대까지만 해도 남존여비 사상이 남아있어서 여자 아기가 태어나면 그 부모가 적당히 이름을 지었다. 첫째 글자만 택하면 두 번째는 子자를 붙이면 그만이다. 그래서 가끔 40대 여성 유명인들의 이름에서도 00자를 볼 때가 있다.

일본 여성 이름은 거의가 子자 돌림이다. 春子하루코, 夏子나츠코, 秋子아키코, 冬子후유코朋子도모코, 友子유우코, 有子다모코, 信子마코, 朝子아사코, 夕子유코…….

현재 일본의 왕비를 일본에서는 美智子미치코 황후라 하고 그 큰며느리를 雅子마사코 親왕비로 부른다. 둘째 며느리는 紀子키코 親왕비이다. 황실의 황후, 왕비가 모두 子자 돌림이다. 일반 여성들도 같은 子자 돌림이라서 황실과 동격으로 생각하고 있는지 어떤지는 알 수 없는 일이다. 40여 년 전인가 영국 여왕 엘리자베스2세가 감기에 걸려있다는 뉴스가 뜬 후, 런던의 대부분의 여성들의 감기 걸린 시늉을 했다는 신문 기사를 읽은 기억이 있다.

우리나라는 어떤가. 경술국치(1910. 8. 29)로 일제에 강점당하고 그 후 창씨개명創氏改名을 하면서 여성 이름이 일본식으로 지어졌다는데, 새로 출생신고를 할 때 이름의 두 번째 글자에 子자를 쓰기도 했으나 시국을 선도(?)하던 측은 창씨개명 이전 출생인데도 子자를 붙여 개명한 유명 인사를 찾아볼 수 있다.

해방 후에도 일본식 이름이란 거부감 없이 여자아기 이름을 작명할 때 子자를 더러 붙였다. 그래서 '영자의 전성시대'가 있었고 '순자의 득세(?)시절도' 있었다.

일본에서 생활하고 있는 우리 동포들이 민단(재일본대한민국거류민단)과 조총련(재일본조선인총연합회)으로 크게 갈라서서 대한민국의 남과 북을 연상시킨다. 민단계의 여성 이름은 子자를 쓰기도 하지만 조련계 여성 이름은 子자를 쓰지 않아서 여성 이름만 보아도 민단인지 조련인지 알 수 있다. 우리나라에 입국한 탈북자가 2만6천여 명에 육박하고 있고 그중에 70%가 여성이다. 신문이나 TV에서 탈북여성들의 이름에서 김0子, 박0子 즉 일본식 여성 이름은 찾아 볼 수 없다. 하기야 조련계 아이들은 우리말 우리글을 알고 민단계 아이들은 거의 모른다는 사실을 현실로 받아들이기 어려운 일이다.

중국사람 이름의 끝 자에 子를 쓰는 일은 없다. 子는 성현이나 대 스승을 뜻해서 극히 존칭으로 써서 공子, 맹子, 노子, 장子, 순子, 한비子…….

약초 이름에도 子가 많이 들어간다. 복분자, 결명자, 구가자, 오미자, 차전자, 계관자, 산사자, 토사자, 창이자, 여정자, 산치자, 동과자…….

어렵지 않게 채취할 수 있고 독성이 없으며 오장육부와 사지 그리고 기와 혈을 보호하고 치료해 주는 약에는 子를 붙였다 한다.

우리나라에서도 퇴계, 송시열 같은 이는 당시 왕명으로 子를 쓰게 해서 퇴계가 이자李子로 송시열이 송자宋子라 했다는 기록이 있다.

1995년 8월 15일 광복 50주년을 맞아, 당시 김영삼 대통령이 '일제의 잔존 건물이라' 면서 중앙청을 철거했다. 잘 알고 지내는 일본인 지인은 '철거하는 이유를 이해할 수 있다.' 해서 그때 맥주 마신 값을 내가 지불

했다. 그 날짜 아사히신문은 사설에서 "일본인들의 손에 지어 진 건물이라도 건물에는 무슨 죄가 있느냐. 헐어버릴 것이 아니라 두고두고 반면교사로 이용하여도 되지 않겠느냐"고 애석한 글을 썼다.

그로부터 13년 후인 2008년 7월 11일 금강산에 관광 갔던 박왕자(당시53세) 씨가 북한군 초병의 총에 맞고 돌아가신 사건은 일본에서도 크게 보도되었다. 신문기사나 TV에는 박왕자 씨를 朴王子氏로 떴다. 그 며칠 후 지인에게서 전화가 걸려왔다.

"まだのこったものがありまっすね" 직역을 하면 '아직도 남아 있는 것이 있군요' 인데 중앙청은 철거하면서 한국 여성의 일본식 이름은 지금도 그대로 쓰고 있느냐는 말이다. 서로 허물없이 농담하는 처지지만 속마음에 깔린 정서를 드러내는 내용이다.

작년 봄인가 먼 친척 되는 부인이 손녀를 데리고 찾아와 '법원 개명신청을 하겠으니 이름을 지어 달라' 는 부탁을 받은 일이 있다. '글을 쓴다는 소식을 듣고 왔다. 예쁜 이름으로 만들 수 있지 않으냐' 는 말은 협박으로 들리기도 했다. 고2인 손녀는 이름이 마음에 걸린다면서 작명가를 확인한 결과 자기 할아버지가 지은 이름임을 알고 항의하게 됐고, 그 할아버지는 궁여지책으로 이편을 이용해서 손녀의 등살에서 벗어나려는 술책이었다.

오행 육갑이나 관상 같은 것은 전혀 모른다 해도 그런 것 따지지 않겠으니 한글 이름으로 지어 보라 했다. 농담이나 좀 하다가 가시도록 하려고, 현재 이름 '현자' 를 '자현' 으로 하면 어떠냐는 말을 듣고 좋아

하였다. 얼마 전에 돌아간 배우 김자옥 씨도 김옥자에서 이름글자 앞뒤를 바꿔 김자옥으로 한 것 같다면서 좋아했다. 제발 그런 근거 없는 말은 하지 말도록 주의를 주는데도 손녀는 손바닥 만한 스마트폰을 열심히 두 번째 손가락으로 빠르게 여기저기 누르고 있었다. 자기 또래들에게 개명정보를 발신하기에 바쁜 것 같았다.